Thomas Dietrich

Die Schöpfung feiern

Thomas Dietrich

Die Schöpfung feiern

Gottesdienste zu Erntedank

HERDER

FREIBURG · BASEL · WIEN

Downloadmaterialien:
Als Käufer:in dieses Buches erhalten Sie alle Materialien
in digitaler Form zum Download unter www.herder.de/extras
Geben Sie dort die ISBN 978-3-451-02999-8 und Ihre E-Mail-Adresse ein.
Wenn Sie Fragen haben, wenden Sie sich an:
kundenservice@herder.de

MIX
Paper | Supporting responsible forestry
FSC® C004378
FSC
www.fsc.org

www.herder.de
Umschlaggestaltung: Verlag Herder
Umschlagmotiv: © Dar1930 / GettyImages,
© undefined undefined / GettyImages
Satz: Barbara Herrmann, Freiburg
Herstellung: PBtisk a.s., Příbram
Printed in the Czech Republic
ISBN 978-3-451-02999-8

Inhalt

Vorwort

Liebe Leserinnen und Leser,
Erntedank ist ein Fest, das christliche Konfessionen, aber auch viele Religionen miteinander verbindet. Denn wir alle leben von den Gaben der Schöpfung und nehmen die Selbstverständlichkeit, mit der diese uns zukommen, viel zu leicht hin. Das Staunen über die Früchte der Erde, die Dankbarkeit für das tägliche Brot, die Sorge für die Tiere als unsere Mitgeschöpfe oder der Blick auf die Frauen und Männer in der Landwirtschaft ... das alles sind Gesichtspunkte, die diese Selbstverständlichkeit in Frage stellen können und so den Horizont weiten.
Auf diesem Hintergrund ist im Referat „Kirche im ländlichen Raum“ des Erzbistums Freiburg vor Jahren die Idee entstanden, ein jährliches Themenheft zum Erntedankfest zu gestalten. Gemeinsam mit dem Herder-Verlag legen wir Ihnen in diesem Buch eine Auswahl aus Gedanken und Gebeten aus dieser Tradition vor. Hoffentlich können wir Sie mit unserem Blick auf die Schöpfung in ihrer Sorge für ein lebendiges Erntedankfest unterstützen.
An den Themenheften haben immer viele Köpfe mitgewirkt. Namentlich für sie alle möchte ich hier Susanne Jörger nennen und danken, die mit Kreativität, Treue und wacher Sorge die Zusammenstellung der Gebete für den Gottesdienst übernommen hat, auch für dieses Buch. Vielen Dank Ihr und allen anderen dafür.
Für mich steht dieses Buch am Ende meiner Zeit als Landvolkpfarrer der Erzdiözese Freiburg. Gerade die Arbeit an den Texten zu Erntedank war für mich ein Brennpunkt dieser Aufgabe. Darum übergebe ich mit Freude einige dieser Texte als Buch an eine breite Öffentlichkeit. Das Buch selbst möchte ich mit Dankbarkeit und Respekt allen hauptamtlich Mitarbeitenden und ehrenamtlich Engagierten dieser Jahre widmen.

Thomas Dietrich

Eine Frage der Haltung – Geschwisterlich mit der Schöpfung leben

Hinführung zum Thema – Predigtanregungen

Gerade durch die Namenswahl des neuen Papstes ist Franziskus erneut ein klingender Name geworden. Sein großer Vertreter Franz von Assisi steht für einen ganz eigenen Blick auf die Welt als Schöpfung Gottes und damit auf alles, was in ihr ist, was sich in ihr bewegt, atmet und lebt. Wie in einem Brennpunkt fasst sein berühmter Sonnengesang diesen Blick auf die Welt und damit verbunden auf die Haltung gegen alles, was geschaffen ist, zusammen. Und in diesem Blick ist immer der gegenwärtig, der alles geschaffen hat und zu dessen Lob die Geschöpfe eingeladen sind. Das Zusammenspiel der Schöpfung ist für Franziskus wie eine Symphonie, der er mit seinem Sonnengesang nachspürt, ja die er sozusagen nachzusingen bemüht ist. Es scheint, als schaue Franziskus die Schöpfung an und entdecke in den Elementen der Schöpfung, ja in den Geschöpfen selbst ein Echo des Schöpfers. So lobt er in den Gaben der Schöpfung den Schöpfer selbst. „Gelobt seist du ..." fängt jede Strophe an, bevor sie ein Schöpfungswerk nennt, und richtet ihren Blick durch die Schöpfung hindurch auf den Schöpfer, durch das Kunstwerk hindurch auf den Künstler, durch die Gabe hindurch auf den Geber.
Mit dieser Betrachtungsweise folgt Franziskus einem selbstverständlichen theologischen Gedanken seiner Zeit. Im ersten biblischen Schöpfungsbericht findet sich der Mensch als Ebenbild Gottes bezeichnet, „als Bild und Gleichnis Gottes" (Gen 1,27). Die scholastische Theologie stellt neben dieses Verständnis des Menschen als Bild Gottes (lat. imago Dei) die nichtmenschliche Schöpfung, die sie als Spuren Gottes (lat. vestigia Dei) versteht und damit dem Menschen zwar nicht gleich-, aber zuordnet. Alles in der Welt kommt von Gott und erzählt in seiner ganz eigenen Art von der Kunstfertigkeit und

Größe, von der Allmacht und Lebenskraft Gottes. Was existiert, ist, indem es existiert, bereits ein Lob Gottes – und wer es betrachtet, der ist eingeladen, selbst zu einem Lobenden zu werden, wie Franziskus es in seinem Sonnengesang tut. Die Schöpfung selbst wird so zu einer Predigt Gottes an seine Geschöpfe und zur Einladung, mit eigenem Blick, ja eigener Haltung in die Welt zu schauen und durch die Welt zu gehen.
Franziskus pflegt hier keinen romantischen Blick auf die Natur, auch wenn eine erste Lektüre das nahelegen könnte. Vielmehr versteht er die Schöpfung als Weg und Hinweis für sein Denken und Beten. Das Lied entzündet sich an einer gefühlvollen Betrachtung der Schöpfungsgüter, die aber für ihn ein Weg auf den Spuren Gottes durch die Welt zum Schöpfer selbst sind. Und der Sänger weiß sich zurückverwiesen in die Vielfalt der Schöpfung, zu deren Hüter der Mensch bestimmt ist. Franziskus bewegt sich hier ganz im biblischen Kontext. Der sogenannte Kulturauftrag zur Fruchtbarkeit und Herrschaft des Menschen (Gen 1,28) ist biblisch betrachtet ein Segenswort; dem Menschen als Ebenbild Gottes ist es aufgetragen, das Schöpfungswerk Gottes fortzuführen und in der Gestaltung der Welt, aber auch in der Weitergabe des Lebens an der Schöpfermacht Gottes teilzuhaben. Der Auftrag zur Fruchtbarkeit ist nicht einfach ein Auftrag zur Vermehrung der Menschheit, sondern ein Auftrag zum fruchtbaren Handeln an der Schöpfung. Der Mensch soll seine „Herrschaft" so gestalten, dass der Segen Gottes in der Schöpfung weiterwirkt und nicht womöglich zum Fluch wird.
Franziskus ordnet diesem Auftrag zuallererst die Haltung der Dankbarkeit und der Demut, im Fortgang des Liedes aber auch der Ehrfurcht und Gerechtigkeit zu. Er tut das mit einer tiefen Selbstverständlichkeit, die frei von moralischer Besserwisserei ist.

Der innere Blick für die Schönheit der Schöpfung

Diese Sichtweise im Sonnengesang wirkt immer schon anziehend auf Menschen und ist doch angesichts der Lebenssituation, in der Franziskus den Sonnengesang geschrieben hat, erstaunlich. Seit seinem

Orientaufenthalt 1219 war Franziskus nach und nach erblindet: Die Schönheit der Welt, die er im Sonnengesang so wunderbar besingt, ist ihm nicht mehr unmittelbar zugänglich, aber die Strophen des Liedes zeigen, wie tief diese Schönheit sich in ihn eingesenkt hat und wie dankbar er auf den schaut, der diese Schönheit geschenkt hat.
Nach einer nicht ganz einfachen Zeit des Ringens um die rechte Gestalt seines Ordens zieht sich Franziskus 1220 aus der Leitung seiner Gemeinschaft zurück und lebt seit 1224 in einer Einsiedelei auf dem Berg La Verna. Zum Sonnengesang gehört die Wahrnehmung der Welt, ihrer Klänge im Gesang der Tiere, ihrer Gerüche in der Luft. Und immer wieder sind diese Sinneseindrücke ein Lob des Schöpfers, zu dem sie in ihrer ganz eigenen Weise mahnen.
Aber als Franziskus den Sonnengesang 1224/25 dichtet, ist es Winter, die Natur scheint tot und leblos. Er selbst ist krank und ahnt wohl, dass sein Tod nahe ist. So hat er nach der Entstehungsgeschichte die letzte Strophe über den Tod 1226 erst im Angesicht des eigenen Sterbens verfasst und angefügt. Denn auch der Tod wird für ihn nun ein Teil der Schöpfung und damit ein Teil des Lebens. Und wenn alles auf den Herrn und Liebhaber des Lebens verweist, dann auch der leibhafte Tod und die mit diesem verbundene Angst des Geschöpfes.
Wie sehr das ganze Lied eine Betrachtungsweise und damit eine Haltung nahelegt, wird noch in einer späteren Quelle deutlich. Dort heißt es, dass Franziskus die Friedensstrophe eingefügt habe, um einen Streit zwischen dem Bischof und dem Bürgermeister von Assisi zu schlichten. Wieder zeigt sich der Sonnengesang als innere Bewegung, die sich über das bloß Irdische und Materielle erhebt und zugleich zu einer Haltung von Dankbarkeit und Demut, von Ehrfurcht und Gerechtigkeit einlädt.

Der Sonnengesang – bis heute aktuell

Zur Besonderheit des Sonnengesangs gehört, dass Franziskus alle Geschöpfe Schwester und Bruder nennt. Dabei beschränkt er diesen Titel nicht auf das Lebendige, Menschen, Tiere und Pflanzen, sondern weitet ihn auf alles aus, was ihm in der Schöpfung begegnet. So wandelt sich für ihn die ganze Welt zu einer Familie der Schwestern und Brüder, über die der Höchste und Allmächtige gleichsam segnend seine Arme ausbreitet. Gerade dieser weite Bogen, der seinen Ausgangspunkt von den Himmelskörpern nimmt und über die Bedingungen der Welt in Wind und Wetter, über das Lebendige bis hinüber zum Tod reicht, versteht die Schöpfung als bergende Heimat und nährende Mutter.

Ein modernes Stichwort, das hier bei Franziskus nicht erscheint, aber in seiner Betrachtungsweise ohne Zweifel mit gemeint ist, ist die Gerechtigkeit. Die Schöpfung gehört allen Geschöpfen als Heimat. Und wie eine Familie nicht im Lot ist, wenn einer benachteiligt wird, so ist die Schöpfung nicht im Lot, wenn die einen nur geben und die anderen nur nehmen. Gerechtigkeit bedeutet, dass jedem das Seine zuteil wird, nicht jedem das Gleiche. Hier wird der Sonnengesang geradezu modern:

- Die Würde des Menschen ist unantastbar – eine Frage der Haltung.
- Gerechte Löhne verlangen gerechte Preise – eine Frage der Haltung.
- Tiere beanspruchen einen ihnen entsprechenden Umgang – eine Frage der Haltung.
- Die Natur hat ihre Ordnung und ihre Gesetze – eine Frage der Haltung.

Die Forderung nach Gerechtigkeit ist bei Franziskus nicht ausgesprochen, aber gegenwärtig; zugleich ist sie bei ihm weit mehr als der Wunsch nach einer ökonomisch wohl geordneten und sozial abgefederten Welt; sie frägt darüber hinaus nach dem, was dem Menschen, den Tieren, der Natur entspricht. Was kommt jedem zu? Was braucht jeder? Was kann jeder geben?

Eine Frage der Haltung

Was bei Franziskus so selbstverständlich klingt, scheint aus heutiger Sicht geradezu beneidenswert: Schöpfung schenkt Heimat und Nahrung. Ist das auch unser modernes Erleben? Oder verstehen wir Menschen uns nicht immer weniger als Teil der Schöpfung und ihrer Ordnung und verhalten uns gegen die Welt wie ein Gegenüber, mit dem wir fast nach Belieben verfahren dürfen? Der Verstand sagt, dass das nicht geht, ja dass diese Betrachtungsweise zuerst zum Tod der Dankbarkeit und dann zum Ende des Menschen führt. Ein kritisches Wort aus den Anfangstagen der ökologischen Krise sagt: „Ihr geht mit der Welt um, als hättet ihr eine zweite im Keller." Denn wir sind ein Teil dieser Welt, ein Teil dieser Schöpfung und ihr Schicksal ist auch unser Schicksal.

Franziskus beschränkt seinen Blick gerade nicht auf die Schöpfung, vielmehr sieht er den Menschen in der Welt und unter Gott. Dass die Gottesbeziehung von Dankbarkeit geprägt ist, erwächst aus der Großzügigkeit des Schöpfers, seinem reichhaltigen Geben im Wachstum der Natur, im Knospen, Blühen und Reifen der Pflanzen, in den Früchten aus Garten und Feld. Aber zwischen uns heutigen Menschen und den Gaben der Natur findet sich eine ausufernde Lebensmittelindustrie mit ihrer ganz eigenen Philosophie, die uns den Blick auf die Natur geradezu verstellt.

Nicht umsonst verbindet Franziskus Dankbarkeit und Demut. Während wir den zweiten Begriff heute meist mit Niedrigkeit verbinden, hat Franziskus wohl noch gewusst, dass Demut lateinisch humilitas heißt und mit dem Begriff humus, Erde, verwandt ist. Demut heißt, sich selbst nicht als Herrn der Welt, sondern als Teil der Schöpfung zu begreifen und seinen Platz einzunehmen. Die Schöpfung kann nur funktionieren, wenn jedes Teil der Welt seinen Platz hat und auch einnimmt. Wer den Boden unter den Füßen verliert, der geht äußerlich in die Luft, innerlich schwindet seine Lebensqualität.

Kein geringerer als Albert Schweitzer hat Anfang des 20. Jhs. dem Begriff der Ehrfurcht neuen Klang verliehen. Das Leben selbst als Gottesgabe verlangt vom Menschen Ehrfurcht und die Bereitschaft, diesem Leben und seinem Gelingen zu dienen. Dass das nicht immer einfach ist, steht außer Frage. Ehrfurcht – und auch sie findet sich nicht ausdrücklich im Sonnengesang – erwächst aus dem Staunen, dass diese Welt ein großes Geschenk und darum nicht selbstverständlich ist. Die Frage danach, was dem Leben dient, ist sicherlich nicht leicht zu beantworten, aber die Suche nach einer Antwort ist selbst eine Haltung und wird raschen und darum vorläufigen Antworten wehren.

Die moderne Diskussion um artgerechte Tierhaltung ist ohne Zweifel eine Spielart auch dieser Frage.
Einfach gesprochen: Wenn Kinder realisieren, dass das geliebte Schnitzel früher ein nettes Kälbchen oder ein munteres Schwein war, dann verweigern sie den weiteren Fleischkonsum. Das ist eine verständliche, ja womöglich gesunde Reaktion. Wenn aber erwachsene Menschen einerseits großen Wert auf artgerechte Tierhaltung setzen, aber in den Verkaufstheken möglichst billiges Fleisch wollen, dann verschließen sie die Augen vor einer offensichtlichen Tatsache. Und um das Ganze noch weiter zu verkomplizieren, müssen wir feststellen, dass die Produktion von Fleisch einen hohen Einsatz von pflanzlicher Nahrung erfordert, deren Fehlen ein Beitrag zu Verschärfung der Welternährungskrise bedeutet. Es gibt also nicht nur die Fastenfrage danach, wie viel Fleisch mir guttut; es gibt auch die soziale Frage, wie viel Fleischkonsum sozial verträglich, ja gerecht gegenüber den Hungernden auf der Welt ist.
Gleichwohl könnte die von Franziskus vertretene Dankbarkeit auch zu einer anderen Haltung gegenüber Tieren führen. Sie sind uns Menschen einerseits Mitgeschöpfe, andererseits Diener, sie sind einerseits unserer Sorge anvertraut und andererseits zu unserem Nutzen bestimmt. Tiere mögen eine andere Gerechtigkeit wie Menschen beanspruchen, aber sie dürfen als Mitgeschöpfe Gerechtigkeit, eben Artgerechtigkeit von uns fordern.
Die öffentliche Diskussion bei uns richtet ihre Aufmerksamkeit auf diese artgerechte Haltung im Stall wie im Schlachthof. Aber diese Forderung können wir Menschen gegen die Tiere nur einlösen, wenn wir uns nach unserer Grundhaltung, eben nach unseren Überzeugungen befragen lassen. Haltung kommt vor Technik. Das genau ist der Geist des Sonnengesangs, wie Franziskus ihn uns in seinem Lied übermittelt hat.

Es gibt keinen allgemein anerkannten biblischen Grund, dass Tiere nicht menschliche Nahrung werden dürfen.
Während im Schöpfungsbericht noch der Verweis auf pflanzliche Nahrung dominiert (Gen 1,29f.), weist Gott den Menschen nach der Sintflut sowohl tierische wie pflanzliche Nahrung zu (Gen 9,3f.) und fügt unmittelbar das Verbot der Tötung menschlichen Lebens an, weil nur der Mensch Ebenbild Gottes ist (Gen 9,5f.). Damit wird eine deutliche Grenze, ja ein massiver Unterschied zwischen dem Menschen und dem Tier benannt.
Gleichwohl scheint hier der Einwurf wichtig, dass der Verzicht bzw. die zum Verzicht auf tierische Nahrung führende Haltung eines Vegetariers hohe Anerkennung verdient. Auch das ist eine Frage der Haltung wie der Wertschätzung.
Zugleich findet sich gerade in der Noahgeschichte die bemerkenswerte Replik, dass Fleisch mit Blut nicht gegessen werden darf (Gen 9,4). Daraus hat sich historisch die (nicht nur) jüdische Praxis der Schächtung entwickelt; sie ist letztlich der Versuch, das Fleisch vom Blut zu trennen und so Fleischverzehr möglich zu machen. Klar ist aber auch, dass es kein Fleisch ohne Blut gibt! Damit macht der Hinweis deutlich, dass das Fleisch der Tiere mehr ist als nur ein Lebensmittel; vermutlich stand dem menschlichen Autoren dieses biblischen Textes die Abhängigkeit der Menschen vom Tier deutlicher vor Augen, als wir das heute kennen. Menschen und Tiere sind im Sinne des Alten Testamentes radikal aufeinander bezogene, ja voneinander abhängige Geschöpfe. Das Sabbatgebot bezieht in die Ruhepflicht am siebten Schöpfungstag sogar ausdrücklich die Tiere mit ein (Ex 20,8–11).
Auch das Neue Testament kennt keine Aussage zugunsten einer vegetarischen Lebensweise. Das ist aber keinesfalls ein Freifahrschein. Vielmehr wird der Fleischkonsument auf seine eigene Haltung zurückverwiesen. Er darf Tiere nutzen, muss aber aus seinem Wissen um ökonomische und ökologische Zusammenhänge Konsequenzen ziehen. Eine Tierhaltung, die zu Lasten anderer Menschen

geht oder die die Geschöpflichkeit der Tiere nicht berücksichtigt, ist zutiefst fragwürdig.
Paulus greift seinerseits eine zentrale Schöpfungserfahrung auf, die Franziskus in seine letzte Liedstrophe hineingeschrieben hat (Röm 8,18–30). Alles in der Welt ist vergänglich, der Tod hat in den Grenzen dieser Welt immer das letzte Wort; zugespitzt könnte man sagen, dass Tod und Leiden die eigentlichen Herren der Welt sind. Leiden und Klagen der ganzen Schöpfung sind ein Ausdruck dieser Realität – das Leiden und Klagen der Menschen, die auch ihrerseits zum Tod bestimmt sind, ist ein Teil dieser schmerzlichen Wirklichkeit.
Am Todes kommt einerseits niemand in dieser Welt vorbei, andererseits sind seit der Auferstehung Jesu die Grenzen der Welt gesprengt. Auch wenn Auferstehung uns Menschen heute nur als Hoffnung gegeben ist, so ergibt sich aus dieser Hoffnung doch eine andere Haltung und damit Hoffnung, die weit über die Menschenwelt hinausreicht. Paulus verweist hier letztlich darauf, dass Menschen der Hoffnung mit einer anderen Haltung der ganzen Schöpfung dienen. „Die dunkle Tür der Zeit, der Zukunft ist aufgesprengt. Wer Hoffnung hat, lebt anders; ihm ist ein neues Leben geschenkt worden." (Benedikt XVI.) Hoffnung kann sich nicht nur auf die eigene Zukunft beziehen; sie muss andere Menschen einbeziehen, wenn sie Hoffnung im guten Sinn des Wortes sein will. Wer nur für sich hofft, bleibt eigensüchtig allein. Paulus weitet diese Hoffnung aber über den Bereich der Menschenwelt aus und bezieht die ganze Schöpfung ein. Wer auf die Erlösung hofft, der erhofft sie für die ganze Welt mit allem, was darin west und lebt.
Diese universale Hoffnung bei Paulus findet sich in einem bemerkenswerten und viel zitierten Wort Jesu wieder. Er überträgt den eigenen Missionsauftrag in der Stunde des Abschieds auf seine Jünger: „Geht hinaus in die ganze Welt und verkündet das Evangelium allen Geschöpfen." (Mk 16,15) Es ist bemerkenswert, dass diese Verkündigung nicht nur den Ebenbildern Gottes, sondern allen Geschöpfen gilt. Aufgrund dieses Wortes hat ein Mann wie Franziskus den Vögeln gepredigt. Was dem einen vielleicht allzu naiv

scheint, war für den Mann aus Assisi Ausdruck einer Haltung, die ihren beeindruckenden Niederschlag im Sonnengesang gefunden hat.

Schrifttexte

Gen 1,24–31

v. 28 Gott segnete sie, und Gott sprach zu ihnen: Seid fruchtbar, und vermehrt euch, bevölkert die Erde, unterwerft sie euch, und herrscht über die Fische des Meeres, über die Vögel des Himmels und über alle Tiere, die sich auf dem Land regen.
Das Schöpfungsgedicht in Gen 1 beschreibt eine geordnete Welt, in der der Mensch zum Heger und Pfleger bestellt ist. Was gerne als Herrschaftsanspruch verstanden wird, ist im biblischen Text ein Segenswort Gottes, das den Menschen in die Pflicht nimmt. Traditionell wird dieses Wort auch als „Kulturauftrag" bezeichnet; das deutsche Wort Kultur kommt vom lateinischen „colere – pflegen".

Gen 2,18–25

v. 19 Gott, der Herr, formte aus dem Ackerboden alle Tiere des Feldes und alle Vögel des Himmels und führte sie dem Menschen zu um zu sehen, wie er sie benennen würde. Und wie der Mensch jedes lebendige Wesen benannte, so sollte es heißen.
Indem der Mensch alle Tiere der Schöpfung benennt, wird er zu ihrem Herrn und Hüter. Die Namensgebung schließt Vorordnung und Fürsorge des Menschen ein. Im Folgetext wird die Erschaffung der Frau aus dem Adam geschildert – Tiere sind Freunde und Helfer des Menschen, aber nur Menschen können Menschen Partner sein.

Röm 8,18–24

v. 19 Denn die ganze Schöpfung wartet sehnsüchtig auf das Offenbarwerden der Söhne Gottes.
Paulus versteht die Klänge der Schöpfung, Tierrufe und Tierschreie inbegriffen, als einen sehnsüchtigen Ruf nach einer erlösten Welt. Die nichtmenschliche Schöpfung braucht die Einsicht der Kinder Gottes; das Reich Gottes wird an den Tieren nicht vorbeigehen.

Mt 6,25–33

v. 26 Seht euch die Vögel des Himmels an: Sie säen nicht, sie ernten nicht und sammeln keine Vorräte in Scheunen; euer himmlischer Vater ernährt sie. Seid ihr nicht viel mehr wert als sie?
Jesus verweist auf Vögel und Blumen als selbstverständliche Größen der Welt. Die Leichtigkeit ihrer Daseinsfürsorge versteht er als Fürsorge Gottes für alle Geschöpfe und betont in Abgrenzung davon die besondere Liebe Gottes zu den Menschen. Dennoch sind die Tiere ein Hinweis auf die Barmherzigkeit und Großzügigkeit Gottes, von der die Menschen lernen können ... auch im Umgang mit den Tieren.

Tagesgebet

Gott, unser Vater,
Wir erinnern uns an Jesus,
unseren Bruder, deinen Sohn,
weil auch er sah, dass alles gut war,
weil er behutsam und freundlich umging
mit allem, was lebt.
Er spricht uns an und lädt uns ein,
die Stimme zu sein für alles,
was bedroht ist.
Wir erinnern uns an Jesus,

weil er die Menschen befreite,
Herrschaft von Menschen
über Menschen verneinte
und unter uns lebte als einer, der dient.

Der Sonnengesang des heiligen Franziskus

1. Höchster, allmächtiger, guter Herr,
   dein sind der Lobpreis, die Herrlichkeit und Ehre
   und jeglicher Segen.
   Dir allein, Höchster, gebühren sie,
   und kein Mensch ist würdig, dich zu nennen.
2. Gelobt seist du, mein Herr,
   mit allen deinen Geschöpfen,
   zumal dem Herrn Bruder Sonne;
   er ist der Tag, und du spendest uns das Licht durch ihn.
   Und schön ist er und strahlend in großem Glanz,
   dein Sinnbild, o Höchster.
3. Gelobt seist du, mein Herr,
   durch Schwester Mond und die Sterne;
   am Himmel hast du sie gebildet,
   hell leuchtend und kostbar und schön.
4. Gelobt seist du, mein Herr,
   durch Bruder Wind und durch Luft und Wolken
   und heiteren Himmel und jegliches Wetter,
   durch das du deinen Geschöpfen den Unterhalt gibst.
5. Gelobt seist du, mein Herr,
   durch Schwester Wasser,
   gar nützlich ist es und demütig und kostbar und keusch.
6. Gelobt seist du, mein Herr,
   durch Bruder Feuer,
   durch das du die Nacht erleuchtest;
   und schön ist es und liebenswürdig und kraftvoll und stark.

7. Gelobt seist du, mein Herr,
durch unsere Schwester, Mutter Erde,
die uns ernährt und lenkt
und vielfältige Früchte hervorbringt
und bunte Blumen und Kräuter.
8. Gelobt seist du, mein Herr,
durch jene, die verzeihen um deiner Liebe willen
und Krankheit ertragen und Drangsal.
Selig jene, die solches ertragen in Frieden,
denn von dir, Höchster, werden sie gekrönt werden.
9. Gelobt seist du, mein Herr,
durch unsere Schwester, den leiblichen Tod;
ihm kann kein Mensch lebend entrinnen.
Wehe jenen, die in schwerer Sünde sterben.
Selig jene, die sich in deinem heiligsten Willen finden,
denn der zweite Tod wird ihnen kein Leid antun.
10. Lobt und preist meinen Herrn
und sagt ihm Dank und dient ihm mit großer Demut.

(Quelle: Das Erbe eines Armen. Die Schriften des Franz von Assisi. Hg. von Leonhard Lehmann OFMCap. – Topos Plus, 2003)

Fürbitten

Guter Gott, Du hast diese Erde allen Geschöpfen zur Heimat gegeben. Uns Menschen hast Du die Sorge über die Erde anvertraut. Wir wollen allen Tieren Raum zum Leben geben und nach Deinem Willen handeln.
Gott, wir wollen von Franz von Assisi lernen, Tiere als lebendige Geschöpfe Gottes und als unsere Geschwister anzusehen. Wir setzen uns ein für eine respektvolle Behandlung aller Tiere.
Guter Gott, wir Menschen nutzen die Gaben der Tiere auf vielfältige Weise. Wir bitten Dich um Sorgfalt und Respekt gegenüber diesen Tieren, befreie uns von aller Gleichgültigkeit und Nachlässigkeit und schärfe unser Gewissen, wenn wir sehen, dass sie leiden müssen.

Gott, der Du alles aus Liebe geschaffen hast. Wir beten für die Bäuerinnen und Bauern, deren Beruf die Tierhaltung ist. Gib ihnen Kraft und Mut, um das Dilemma zwischen artgerechter Haltung der Tiere und der nötigen Wirtschaftlichkeit auszuhalten und zu überwinden.
Gott, Du hast uns Menschen zu Hütern der Welt bestimmt. Wir beten für alle, die sich einsetzen für eine gerechte Weltwirtschaft und für die Bewahrung der Schöpfung.
Gott, es gibt viele Verantwortungen in der einen Welt. Wir beten für die Regierenden, die bereit sind, für Gesetze zum Wohl der Tiere und der Umwelt und zum Schutz der Ressourcen einzutreten.
Gott, Du bist ein Freund der Armen. Wir bitten für die Menschen, die Hunger leiden als Folge unserer Wirtschaftsverhältnisse. Wir beten für die Menschen, die in unserem Land auf Lebensmitteltafeln angewiesen sind.

Guter Gott, aufrecht stehen wir vor Dir und bitten Dich für so vieles. Öffne unsere Herzen für Deinen Geist, damit wir tun, was Dir gefällt und allen nützt. Dir sei die Ehre in alle Ewigkeit. Amen.

Meditation: Liebe Gottes Schöpfung

Liebe Gottes gesamte Schöpfung,
ihre Ganzheit und jedes Sandkorn.
Liebe jedes Blatt, jeden Strahl von Gottes Licht!
Liebe die Tiere, liebe die Pflanzen, liebe alles.
Wenn du alles liebst,
wirst du das göttliche Geheimnis in allem erkennen.
Und wenn du es einmal erkannt hast,
wirst du es unaufhörlich zu verstehen beginnen,
jeden Tag mehr und mehr.
Und du wirst endlich die gesamte Welt lieben
mit anhaltender, alles umfassender Liebe.
Liebe die Tiere:

Gott hat ihnen den Ansatz des Denkens
und unbeschwerte Freude geschenkt.
Belästige sie daher nicht,
quäle sie nicht,
beraube sie nicht ihrer Freude,
verstoße nicht gegen den Plan Gottes.

Starets Zosima in: „Die Brüder Karamasov" von Fjodor M. Dostojevskij

Dankgebet

Gott, Schöpfer der Welt,
du hast mich ins Leben gerufen
und mir einen Platz auf dieser Erde geschenkt.
Ich danke dir für alles, was du erschaffen hast:
die Menschen und Tiere, die Bäume und Blumen,
die Berge und Meere ...
Alles Lebendige empfängt sich aus deiner Hand.
Öffne meine Sinne für die Schönheit der Natur
und hilf mir, meinen Teil dazu beizutragen,
deine Schöpfung zu bewahren
und sorgsam und respektvoll mit allem umzugehen.
Segne mich und die ganze Welt.
Amen.
Gebet von ein-gebet.de

Segensgebete

Segen 1

Mit dem Lebensatem Gottes
seien gesegnet diese Erde
und alle Arten von Pflanzen und Bäumen.

Mit dem Lebensatem Gottes
seien gesegnet alle Fische im Wasser
und alle Vögel im Himmel
und alle Arten von Tieren auf dem Erdboden.

Mit dem Lebensatem Gottes
seien gesegnet diese Erde,
alle Menschen und alles Leben.

So segne uns Gott, der Vater,
und der Sohn und der Heilige Geist.
Amen.

Segen 2

Herr, unser Gott, wir gehen in dem Vertrauen,
dass Du alles verwandeln und
allen neues Leben schenken kannst.

Wir gehen in dem Glauben,
dass Du Dich in Jesus Christus
ganz an unsere Seite gestellt hast.

Wir gehen in der Liebe,
die Du uns hast erfahren lassen,
damit Dein Geist spürbar wird
auch in der Dunkelheit.

Wir gehen in der Hoffnung,
dass Du alle Wege mit uns gehst.

Dazu segne uns Gott,
der uns als aufrechte Menschen geschaffen hat,
der Vater, der Sohn und der Heilige Geist.
Amen.

Oh ... schau mal – Über die Schöpfung staunen

Hinführung zum Thema – Predigtanregungen

Die Predigtgedanken wollen keinesfalls eine fertige Predigt sein. Sie verstehen sich eher als Bausteine zum (Nach)Denken und damit als Anfang einer Predigt über das Thema dieser Erntedankaktion. Die Nummern zeigen verschiede Zugangsweisen an und spielen unterschiedliche Gedankenwege an. Wir haben versucht, das auch optisch durch das Layout sichtbar zu machen. Gehen Sie einfach dem Gedanken nach, der Ihnen hilft und Ihrem Nachdenken eine Perspektive eröffnet. Wir wünschen dazu viel Erfolg.

1. „Oh ... schau mal hin!"

Erntedankaltäre wollen staunen machen. Da liegt eine gewaltige Vielfalt von Früchten vor unseren Augen: rote Äpfel und grüne Birnen, grüne Kohlköpfe und braune Nüsse, Weißwein und Rosé – der Regenbogen ist mit seiner ganzen Vielfalt vertreten. Eine bunte Welt tritt uns entgegen und lässt dem ein oder anderen das Wasser im Mund zusammenlaufen. Einen ganz eigenen Spiegel dieser Farbenvielfalt werden wir schon bald erleben, wenn die Blätter sich verfärben und die Bäume sich nach und nach mit bunten Herbstfarben entlauben. Danach kommt der Winter über uns. Die Natur nimmt eine Fülle von dunklen Tönen an. Wenn wir es nicht besser wüssten, könnten wir annehmen, dass die Schöpfung jeden Herbst neu stirbt. Alles wirkt wie tot.
So nah dieser Eindruck auch scheint und von den Herbstfarben und der Winterkälte untermauert wird, wissen wir es doch besser. Der Frühling wird sich mit einer neuen Farbenvielfalt zeigen. Dann werden sich viele Grüntöne an den Bäumen und im Wald zeigen; wer dann etwa im Wald spazieren geht, kann sich zuweilen wie in einer

Kathedrale fühlen, die von einem vielfältig grünen Dach überspannt wird. Erst werden sich zaghafte grüne Töne zeigen, sich in Knospe und Blatt entfalten, bis der ganze Baum sein grünes Kleid angezogen hat und schließlich sogar zu blühen beginnen wird, ja seine Früchte den Menschen entgegenreicht.
Der jährliche Farbwechsel der Schöpfung ist mehr als ein buntes Spiel der Farben. Er signalisiert auch nicht einfach den Wechsel der Jahreszeiten oder den lebensspendenden Zyklus der Natur, von dem nicht nur Landwirte, sondern wir alle leben. Im vermeintlichen Sterben und Wiedererwachen der Natur können wir auch etwas von der Schöpfung erahnen: „Dann sprach Gott: Das Land lasse junges Grün wachsen, alle Arten von Pflanzen, die Samen tragen, und von Bäumen, die auf der Erde Früchte bringen mit ihrem Samen darin. So geschah es. ... Gott sah, dass es gut war." (Gen 1,12) Leben entsteht, wo vorher Tod war, Neues entsteht, wo vorher nichts war. Genau das ist Schöpfung.
Und der Farbwechsel signalisiert noch mehr. Diese Schöpfung ist ein komplexes System, das Sorgfalt verdient hat, wenn es den Menschen ernähren soll. Denn der Mensch ist nicht der Herr über dieses System, sondern ein Teil davon. Erntedank ist mehr als das bloße Staunen über die Buntheit der Schöpfung. Das Fest lädt dazu ein, dankbar die Gaben entgegenzunehmen und sich demütig in das System hineinzustellen, ohne das wir Menschen nicht überleben können.

2. „Man kann sich nur wundern."

Wer hätte sich diesen Satz noch nie gesagt und wäre darüber verstummt. Wir beschreiben damit Situationen, in denen wir an eine Grenze stoßen. Die mag positiver oder negativer Natur sein. Wir stoßen etwa dann an eine Grenze, wenn die Größe dessen, dessen wir ansichtig werden, so gewaltig ist, dass wir verstummen und in einer Haltung verharren, die an Anbetung erinnert.
Im Staunen von Menschen klingen viele Akzente zusammen: Da ist zum einen das Schöne, das uns bezaubert, oder das Abstoßende, das uns verstummen lässt; da ist die eigene innere Erregung, die anhalten

macht und schauen lässt, oder die äußere Erstarrung, weil wir nicht mehr weiterwissen und auch das Denken zum Stillstand kommt. Staunen ist so etwas wie eine Grenzerfahrung. Wir kommen nicht mehr weiter, müssen anhalten, unsere Gedanken ordnen. Staunen hat mit der Erfahrung zu tun, dass etwas größer ist als wir Menschen mit unserem Denken und Fühlen, unserem Gestalten und Ordnen. Vielleicht müssen wir gerade im Staunen anerkennen, dass diese Welt und die Natur und mit ihnen ihr Schöpfer uns um ein Unendliches überragen und uns unsere Kleinheit spüren lassen. Aber erfahren wir nicht gerade in der eigenen Kleinheit auch wieder unsere Größe? Das Staunen zeigt uns etwas Großes, das unsere Sinne und unser Denken berühren, auch wenn sie es nicht fassen oder ausschöpfen können. Indem wir das Wunder der Schöpfung bestaunen, berühren wir auch für einen Augenblick ihren Schöpfer.

Im guten Sinn des Wortes erfahren wir im Staunen, dass wir – egal welches Alter unser Pass uns anzeigt – in der Tiefe immer auch Kinder bleiben und mit der Ehrfurcht und dem Respekt eines Kindes auf die Schöpfung zugehen dürfen und mit ihr umgehen können. Der Respekt und die Ehrfurcht eines Kindes sind hier deshalb wichtig zu nennen, weil ohne sie das Staunen rasch in Entsetzen umschlägt, das dort sichtbar wird, wo Menschen Ehrfurcht und Respekt vermissen lassen, dafür aber gewalttätig mit der Schöpfung umgehen und in der Gewalt ihres Zugriffs die Schönheit und Zukunftsfähigkeit der Schöpfung zerstören. Wenn Jesus etwa die Kinder seligpreist, dann preist er ihre Begabung zum Staunen und damit zur Ehrfurcht.

Das Staunen für sich ist wie eine Begegnung mit dem Wunder und dem Grund der Schöpfung. Damit kann es eine ungeheure Kraftquelle sein, wenn wir ihm Raum lassen, etwa wenn wir einen knospenden Zweig betrachten oder spielenden Kindern zuschauen oder die Wolken am Himmel verfolgen oder ... Es verwandelt sich aber dort in Entsetzen, wo wir diesem Staunen keinen Raum lassen, weil menschliche Kraft zur Gewalt wird und dem Wunder nicht mehr liebevoll seine Hand reicht, sondern es sich eigensüchtig zunutze macht und darüber die Ehrfurcht des Staunens vergisst.

3. „Oh … spür mal!“

Wo immer Menschen staunen, da entdecken sie etwas, das ihr Verstehen übersteigt. In der Natur begegnen staunende Menschen der berauschenden Tatsache, dass etwas da ist, was weder von Menschen machbar noch einfach selbstverständlich ist. Staunende Menschen verstummen und beschränken sich aufs Schauen. Manchmal beginnen sie auch zu beten und sich auf den Schöpfer zu besinnen, der diese Welt nicht nur ins Dasein gerufen hat, sondern auch jeden Augenblick im Dasein erhält. Eine der Grunderfahrung dieses Lebensgefühls und damit des Schöpfers ist der eigene Atem; das erleben wir am deutlichsten, wenn wir erkältet sind. Dann ringen Menschen um Luft und saugen mit jedem Atemzug das Leben neu in sich ein. Der zweite Schöpfungsbericht greift auf diese menschliche Erfahrung mit seiner Beschreibung zurück, dass Gott dem Adam den Lebensodem in die Nase einbläst (vgl. Gen 2,7). Wenn wir uns auf unserem Atem konzentrieren, dann eröffnet sich die Erfahrung, dass diese Welt nicht einfach irgendwann geschaffen, also ins Dasein gerufen wurde, sondern in jedem Augenblick ihr Leben von Gott her empfängt. Schöpfung bedeutet gerade nicht, dass Gott irgendwann alles gemacht und dann sich selbst überlassen hat; Schöpfung bedeutet vielmehr, dass Gott diese Welt geschaffen hat und sie am Leben erhält.
Was bedeutet das für Menschen? Generationen von Theologen haben über den sogenannten Kulturauftrag im ersten Schöpfungsbericht nachgedacht: „Seid fruchtbar und vermehrt euch, bevölkert die Erde, unterwerft sie euch und herrscht über die Fische des Meeres, über die Vögel des Himmels und über alle Tiere, die sich auf dem Land regen.“ (Gen 1,28) Wenn Menschen Herrschaft hören, dann denken sie meist an absolutistische Herrscher, die ohne Rückbindung an irgendwelche Instanzen tun und lassen dürfen, was sie wollen. Für die Bibel ist der Gedanke der Herrschaft aber eng mit dem Bild des Hirten verbunden. Der Hirte teilt das Schicksal der Herde, darum herrscht er nicht im obigen Sinn über sie, sondern er umhegt seine Schafe, mit deren Leben sein eigenes Leben verbunden ist. Der Mensch ist in diesem

Sinn nicht losgelöst Herrscher über die Schöpfung, sondern ein Teil von ihr, und ohne sie hat er selber keine Zukunft. So gesehen liegt im Staunen über die Schöpfung eine Kraft, die Zukunft eröffnet.
Man mag an diesem Punkt auch an jene Fortführung des Hirtenbildes denken, die Jesus uns anbietet und in der er sein Lebensschicksal mit dem der Menschen verknüpft. Indem er sich selbst als Guten Hirten bezeichnet, macht er deutlich, wie eng die Pflege der Herde mit dem eigenen Leben und Sterben verbunden ist (vgl. Joh 10). Wenn der Schöpfung die Puste ausgeht, dann verliert auch der Mensch sein Lebensrecht.

4. „Oh ... denk mal!"

Es gibt einen dramatischen Unterschied zwischen dem Staunen, das uns fassungslos schweigen und ehrfürchtig betrachten lässt, und jenem Mühen der Menschen, die Dinge auf den Punkt zu bringen und über technische Verfahren sich nutzbar zu machen. Staunen und Nutzen bilden keinen Widerspruch – erst wenn einer nur staunt, dann verliert er seinen Alltag und seine Handlungsfähigkeit; noch schlimmer aber, wenn einer nur nutzt und nicht mehr staunt, dann läuft er Gefahr auszunützen und auszubeuten. Der heute allzu viel benutzte Begriff der Nachhaltigkeit steht dem entgegen: Er kommt ursprünglich aus der Forstwirtschaft und legt dem Waldnutzer nahe, nur so viel Holz zu schlagen, wie nachwachsen kann. Andernfalls beutet er den Wald aus, bis keiner mehr da ist. Und dann geht auch der Waldnutzer zugrunde. Was hier für einen Bereich formuliert ist, das gilt für die gesamte Natur und damit für die ganze Schöpfung, insofern sie dem Menschen vor Augen und Händen liegt.
Auch hierfür gibt es einen Gedanken im biblischen Schöpfungsbericht, der gerne übersehen wird: „Von allen Bäumen des Gartens darfst du essen, doch vom Baum der Erkenntnis von Gut und Böse darfst du nicht essen; denn sobald du davon isst, wirst du sterben." (Gen 2,16f.) Die Nutzung der Schöpfung hat eine innere Grenze, die Menschen nicht überschreiten dürfen. Und diese Grenze wird von

Gott im Schöpfungsbericht nicht willkürlich formuliert, vielmehr dient sie dem Menschen und seinem (Über)leben. Gott erweist sich auch in dieser Geschichte als jener gute Vater, der die Menschen im Blick hat und auf ihr Wohl bedacht ist. Freilich obliegt es dem Menschen, die gesetzten Grenzen zu achten und nicht zu überschreiten. Man mag sich hier fragen, ob es nützt, wenn ein einzelner Mensch die Grenzen achtet, eine ganze Gesellschaft oder die Weltgemeinschaft aber nicht. Womöglich stirbt jemand dann nur mit reinem Gewissen? Das ist ohne Zweifel ein Wert, zumal die Welt so lange sich nicht positiver entwickelt, als zu viele Menschen diese Frage verneinen. Ein einzelner Mensch kann genau darum die Welt verändern, weil sein Beispiel alles verändert und im guten Sinn des Wortes ansteckend wirkt. Wer die Schöpfung achtet, der achtet den Schöpfer und sich selbst ... und er erweckt über kurz oder lang die Achtung seiner Umgebung. Genauso haben alle großen Ideen angefangen.

5. „...halt mal inne!“

Man könnte fragen, was Erntedank in unserer modernen Industriekultur noch zu suchen hat. Schließlich leben wir in einer hochindustrialisierten Welt (bis in die moderne Landwirtschaft und Nahrungsmittelindustrie hinein), die sich ohne Ende um sich selber dreht, aber gerade in diesem Drehen das Staunen zu verlernen droht. Die moderne Industriekultur neigt zum Glauben an die Machbarkeit aller Dinge. Natürlich erfahren wir auch immer wieder, dass das ein tragischer Irrglaube ist, aber die Neigung bleibt. Das Erntedankfest oder besser noch der Erntedanksonntag ist ein Moment, der dieser Neigung die Grenzen aufzeigt und den Menschen an seine Abhängigkeit vom Geschenk der Schöpfung erinnert. Hier rührt Erntedank an dem Sonntag als Ruhetag der Schöpfung, wie wir ihn jede Woche feiern ... oder feiern sollten.

Denn der Sonntag stört die industrielle Betriebsamkeit, weil er alle Vorgänge unterbricht und damit auch den modernen Größenwahn infrage stellt. Diese Unterbrechung ist der tiefste Sinn des Sonntags.

Während die Werktage der Arbeit und damit dem Nutzen gewidmet sind, gehört der Sonntag der Ruhe, dem Nachdenken und Staunen. Wer jeden Tag gleich gestaltet, der kommt nicht mehr zur Ruhe, weil er im Gedränge seiner Arbeit, häufig genug auch der selbstgemachten Verpflichtungen untergeht. Der tägliche Nutzen hat ihn im Griff. Die Landesverfassung von Baden-Württemberg weist darauf hin, dass der Sonntag der Erhebung der Seele dient. Vielleicht könnte man auch sagen, dass der Sonntag ein Tag ist, der nicht von Nutzen und Gewinn, sondern von Staunen und Ehrfurcht geprägt sein sollte. Denn damit würde er den Alltag verändern. Wer über die Schöpfung am Sonntag staunt, der wird sie sich am Werktag nicht billig zunutze machen, sondern sein Verhalten prüfen und Wege gehen, die ihm auch für den Sonntag darauf noch etwas zum Staunen lassen.
Es ist die Schattenseite des Staunens, dass es sich in Erschrecken verwandeln kann. Die kleinen und großen Wunder der Schöpfung bringen uns zum Staunen, die kleinen und großen Wunden der Schöpfung lassen uns entsetzt zurückschrecken. Und ein alltäglicher Konsum, der eben nicht auf Müllvermeidung und kurze Transportwege setzt, der nicht darauf achtet, dass die Schöpfung sich nicht erschöpft, sondern weiter Lebensgrundlage sein kann, wird erleben, wie Staunen sich in Entsetzen wandelt, wie die eigene Bezauberung über das Wunder des Werdens zum Ekel über die Wunden des Verwertens wird. Es ist das Gegenüber von Staunen und Entsetzen, von Werden und Verwerten, von Sonntag und Werktag, das uns hinschauen lässt. Die Frage ist immer, ob wir ein Wunder entdecken oder die Wunden sehen ... oder womöglich beides.
Mancher mag die Frage des Sonntags unter anderen Vorzeichen sehen. Die Unterbrechung des Alltags und das Staunen gehören dazu. Am Sonntag können Menschen Gemeinschaft nicht nur in der Familie erfahren, der tägliche Betrieb ruht für einige Stunden – Menschen haben für alles das Zeit, was sie bezaubern und erfreuen kann. Und nicht zuletzt deshalb gehört der Gottesdienst an den Sonntag, weil alles, was uns staunen lässt, uns zugleich an die Schöpfermacht Gottes erinnert und an jenes Geheimnis des Lebens, das gerade darin

besteht, dass auch wir selber uns nicht gemacht, sondern das Leben als Geschenk empfangen haben. Die Welt und ihre Menschen leben vom Staunen ... und nach einem staunenswerten Tag verändert sich auch das Leben des Alltags und die Welt der Menschen, die sich vom Staunen haben berühren lassen.

6. „ ...dafür nicht!"

Jesus hat für dieses Staunen sein ganz eigenes Bild in der Bergpredigt gefunden: „Seht euch die Vögel des Himmels an: Sie säen nicht, sie ernten nicht und sammeln keine Vorräte in Scheunen; euer himmlischer Vater ernährt sie. Seid ihr nicht viel mehr wert als sie? Wer von euch kann mit all seiner Sorge sein Leben auch nur um eine kleine Zeitspanne verlängern?" (Mt 6,26f.) Da ist nicht nur die Warnung ausgesprochen, dass die menschliche Sorge kein Leben schaffen kann, weil Sorge und Angst das Leben in uns eng und unerträglich machen. In der Tat gehört das zum Wunder der Schöpfung: Leben wird nicht gemacht, sondern geschenkt. Wir Menschen können es empfangen und pflegen, aber nicht schaffen und vermehren. In dem Punkt mögen wir den Vögeln ähneln und selbst den wunderbar gekleideten Blumen, von denen Jesus im Fortgang der Rede spricht. Mit menschlicher Kraft sind Blumen oder Leben leichter zerstört als gepflegt. Und das ist eine Erfahrung, die wir jeden Tag machen, nicht nur wenn wir den Müll sehen, der gedankenlos in der Natur zurückgelassen wird.

Wo Menschen Geschenke empfangen, da legt sich der Gedanke nahe, diese zu pflegen und zu bewahren. Gefährdet sind Geschenke immer dann, wenn sie in Überfülle gegeben werden. Das scheint auch für die Schöpfung zu gelten. Sie ist von einer ungeheuren Fülle, ja Überfülle bestimmt. Und so gehen Menschen immer öfter mit ihr um. Weil Gott in der Schöpfung geradezu verschwenderisch schenkt, glauben Menschen geradezu verschwenderisch mit der Schöpfung umgehen zu dürfen. Alle Augenblicke verschwinden Tierarten für immer von unserem Planeten, alle Augenblicke werden Flächen versiegelt, alle Augenblicke sterben Menschen, weil es nicht gelingt, den Überfluss an Nahrungs-

mitteln gerechter zu verteilen. Da scheinen es die Vögel des Himmels wahrlich einfacher zu haben, aber selbst ihre Vielfalt schwindet angesichts der menschlichen Erbarmungslosigkeit mit der Schöpfung.
Die Frage sei gewagt, ob wir Menschen deshalb so leichtfertig mit der Schöpfung umgehen, weil wir nur ihre Fülle und nicht ihre Erschöpfung sehen. Die ökologische Krise ist heute allgegenwärtig. Aus der Perspektive des Glaubens könnten wir eben auch sagen, dass die Schöpfung erschöpft ist; ihr geht an immer mehr Punkten die Puste aus.
Natürlich kann es nicht darum gehen, nichts zu tun und zu warten, bis das Essen auf dem Tisch liegt. Aber Menschen können mit ihrem Einkaufsverhalten die Welt verändern, indem sie Güter aus der Nähe kaufen und auf deren Verpackung achten, indem sie mit ihrer Mobilität die Schöpfung schonen und öfter laufen oder Fahrrad fahren, statt mit dem Auto Kurz- und Mittelstrecken zurückzulegen und unendliche viele Kilometer auf der Suche nach einem Parkplatz zu vertun, indem sie mehr auf den Wert der Dinge achten als auf deren Fülle und Vielfalt. Diese Beispiele könnten wir mit Leichtigkeit vermehren ... und sie haben alle etwas mit jenen Vögeln zu tun, die Jesus den Seinen als Hinweis mit auf den Weg gibt. Franziskus von Assisi ist über dieser Einsicht sogar so weit gegangen, dass er den Vögeln gepredigt hat. Wenn die Vögel dagegen uns Menschen zu predigen beginnen – und nichts weniger legt die Rede Jesu nahe –, dann geraten wir ins Staunen.

7. „ ...und wofür am Ende?"

Das Staunen über die Schöpfung lässt Menschen auch fragen, was ihr Leben wirklich wertvoll macht. „Wofür arbeiten wir eigentlich jenseits von Profit und Ansehen?", hat ein Manager selbstkritisch gefragt. Jenes „Leben in Fülle" (Joh 10,10), das Jesus verheißen hat, kann doch nicht einfach jene Fülle der Gaben meinen, die unsere Lager zum Bersten bringen und unsere Genussfreude eindeutig überfordern. Dahinter scheint eher die Frage zu stehen, was unser Leben in der Tiefe reich macht. Reichtum ist nicht in erster Linie eine Kategorie des Besitzens, sondern eine Frage der Lebensqualität.

Als 1972 die „Grenzen des Wachstums" für die Weltwirtschaft prognostiziert wurden, da galt dieser Hinweis in allererster Linie der Tatsache, dass ein „immer mehr" die Schöpfung an ihre Grenze bringt. Es kann nicht um immer mehr Masse oder Quantität gehen, sondern um die Frage, was unser Leben bereichert. Und das sind wirklich zwei verschiedene Dinge. Wenn Menschen immer mehr produzieren und haben wollen, dann müssen sie irgendwann einsehen, dass unser Planet und damit der Teil der Schöpfung, der uns zur Verfügung steht, diese Ansprüche auf Dauer nicht erfüllen wird und kann. Denn indem wir die Schöpfung überfordern, sägen wir – bildhaft gesprochen – den Ast ab, auf dem wir Menschen uns allzu gemütlich eingerichtet haben. Dann werden wir uns nicht wundern dürfen, wenn der Schöpfung die Puste ausgeht und einen Tick vor diesem Augenblick wird die Erschöpfung der Schöpfung uns Menschen treffen. Das bekannte Gedankenexperiment über eine Welt, von der die Menschen verschwunden sind, führt uns sogar deutlich vor Augen, dass die Schöpfung eine Zukunft ohne den Menschen hat, aber keinesfalls der Mensch ohne die Schöpfung, zu der er gehört (vgl. die Buchtipps).
Kein Produkt wird uns vor dieser Entwicklung schützen, es sei denn, wir lernen vorher, was eine Lebensqualität bedeutet, die nicht nur die meinige, sondern die aller Menschen ist. Die Frage nach Qualität und Quantität ist längst eine Frage aller Menschen geworden, von der sich die sogenannten reichen Länder auf Dauer nicht dispensieren können. Jene Aussage des Zweiten Vatikanischen Konzils, dass das Gemeinwohl weltweite Züge annimmt, wird uns jeden Tag deutlicher vor Augen geführt. Entweder es geht allen Menschen auf Dauer besser oder es gibt keine Menschen mehr. Und darum werden gerade wir Menschen in den sogenannten entwickelten Ländern drastisch lernen müssen, was Lebensqualität bedeutet, wenn wir den Armen der Welt endlich ihren Teil zugestehen.
So geht es zuletzt und zuerst um einen Lebensstil, der gerade nicht auf Masse, sondern auf Klasse, der nicht zuerst auf die Quantität der Güter, sondern die Qualität des Lebens setzt. Dahinter mag die Einsicht stehen, dass glücklich sein etwas anderes ist als Glück haben.

Das Erstere können wir dann erreichen, wenn wir wieder das Staunen und die Ehrfurcht lernen. Vielleicht fängt diese Haltung mit dem Biss in einen leckeren Apfel vom Erntedankaltar an oder einem Fastentag, nach dem wir die Freude am Essen neu entdecken können; vielleicht braucht es einen Spaziergang ohne Musik, auf dem wir die Farben der Welt und die Musik der Insekten wieder schätzen lernen, weil wir Augen und Ohren aufsperren zur Wahrnehmung. Der Möglichkeiten sind viele. Vielleicht ist es ein Blick über Menschen und Welt, der in einem schlichten Dankeschön endet, und dem Gedanken, dass Gott uns manches davon zumutet, aber zugleich alles schenkt.

Schrifttexte

In den beiden biblischen Schöpfungsgeschichten klingen das Staunen über die Gestalt und das Zusammenspiel der Schöpfungselemente einerseits und die hohe Verantwortung des Menschen für Hege und Pflege des Ganzen zusammen. Staunen und Fürsorge, Bewunderung und Aufmerksamkeit für das Ganze bilden jeweils zwei Seiten derselben Medaille.

Gen 1,1

„Im Anfang schuf Gott Himmel und Erde …“
Das Sechstagewerk des ersten Schöpfungsberichtes berichtet von einer Welt mit vielfältigen Räumen, die auf wunderbare Weise ausgeschmückt werden. Erster und vierter, zweiter und fünfter, dritter und sechster Schöpfungstag gehören jeweils zusammen. Der Autor des Textes versteht die Welt als ein geschmücktes Kunstwerk Gottes, das den Betrachter zum Staunen bringt. Aus diesem Staunen soll der Betrachter, der zugleich ein Bewohner der Schöpfung ist, die Kraft aufbringen, ein guter Hirt der Welt und zugleich ein Hüter ihrer Vielfalt und Schönheit zu sein oder zu werden.

Gen 2,15

„Gott, der Herr, nahm also den Menschen und setzte ihn in den Garten von Eden, damit er ihn bebaue und hüte."
Der zweite Schöpfungsbericht schildert die Welt als einen großen Garten, der dem Menschen als Heimat gegeben ist. Die Gemeinschaft ihrer Bewohner bildet eine Familie mit ganz unterschiedlichen Gliedern, Rollen und Aufgaben. Die Aufmerksamkeit des Autors richtet sich auf das Zusammenspiel der Lebewesen und Kräfte in diesem Garten, von dem der Mensch als Hüter ein Teil mit hoher Verantwortung für die Pflege des Ganzen ist.
Die Schöpfung ist nur an wenigen Stellen des NT ein ausdrückliches Thema. Sie kommt eher indirekt ins Spiel, wenn Jesus ihre Buntheit oder Vielfalt für einen Vergleich heranzieht. Dagegen spielt das Staunen als die fassungslose Begegnung mit Schönem und Wunderbarem eine deutlich hervorgehobene Rolle.

Mt 6,28

„Lernt von den Lilien, die auf dem Feld wachsen ..."
Auch wenn Jesus hier die Schöpfung als ein Beispiel für die Arg- und Sorglosigkeit ihrer Bewohner heranzieht, so lässt der Text doch das Staunen erahnen, das er dem Wunder der Schöpfung entgegenbringt. Im Vergleich zum Menschen sind Tiere und Blumen einfache Lebewesen und doch stellen sie in mehr als einer Hinsicht das Wirken des Menschen infrage. Während der Mensch vorzugsweise auf die eigenen Kräfte und Möglichkeiten setzt, zeigt sich die Schöpfung als ein großes Geschenk des Schöpfers, das seine Bewohner zum Staunen führen will.

Lk 17,7

„Es sind doch alle zehn rein geworden: Wo sind die übrigen neun?"
Dieses Evangelium wird klassisch dem Erntedankfest zugeordnet. Es scheint vordergründig seinen Blick auf die Undankbarkeit der neun

Geheilten zu richten, aber am Ende richtet Jesus seinen Blick auf den Glauben des einen Dankbaren. Das Wunder der Heilung wird allen zuteil, aber nicht alle kommen vom Staunen über die neu gewonnene Gesundheit zum Dank zurück. Wohl wird gefragt, wo sie bleiben, aber das Geschenk eines gesunden Leibes wird bei ihnen nicht infrage gestellt. Manchmal bleiben Menschen im Staunen, ohne dass sie daraus Konsequenzen für ihr Leben ziehen. Die Frage scheint berechtigt, wie diese Menschen mit der Gabe Gottes umgehen ... hier wäre die Fantasie des Lesers gefragt.

Lobpreis der Schöpfung

Gepriesen bist du,
starker und treuer Gott.
Aus all deinen Werken,
aus den Höhen und Tiefen,
erklingt Lobpreis zu deiner Ehre.
Am Anfang rief dein Wort das Licht hervor,
Nacht wich und Schöpfung wurde sichtbar.
Zeiten gingen dahin,
als auf der Oberfläche der Erde
die Wasser sich sammelten
und Leben erschien.
Als die Zeit reif war
und die Erde voll des Überflusses,
erschufst du nach deinem Bild
Mann und Frau,
gedacht als Krone deiner Schöpfung.
Du gabst uns Atem und Stimme,
damit wir dein Lob singen.
So vereinen wir uns mit allen Mächten
des Himmels und der Erde
in Freude über deine Herrlichkeit.

Meditation: Jeden Tag

Jeden Tag will Gott
mich überraschen und
umarmen durch die
Wirklichkeit des Lebens.

Jeden Tag will ich das Leben
als tiefes Geheimnis betrachten
wie ein großes Geschenk, als
Gabe und Aufgabe zugleich.

Jeden Tag will Gott
mir meine Sinne öffnen,
damit ich wahrnehmen kann,
wo er zum Vorschein kommt.

Jeden Tag will ich lernen,
das Leben in Liebe zu
empfangen, zu achten,
zu ehren, zu entfalten.

Jeden Tag will Gott
mir sein Ja-Wort schenken,
um mich an seine verborgene
Gegenwart und Treue zu erinnern.

Jeden Tag will ich dem Leben
in mir und um mich mit möglichst
großer liebender Aufmerksamkeit
begegnen.
Paul Weismantel

Bitten

Guter Gott, du bist der Schöpfer des Himmels und der Erde.
Wir danken dir für deine Schöpfung, die uns hält, trägt und nährt.
Durch sie gibst du uns Kraft und Leben.

Hilf, dass wir gut mit den Gaben der Erde umgehen
und deine Schöpfung pflegen und bewahren. –
Wir bitten dich, erhöre uns.

Nimm uns mit den Gaben dieser Erde an und verwandle uns in Menschen, die verantwortlich mit deiner Schöpfung umgehen. –
Wir bitten dich, erhöre uns.

Wie die Erde uns nährt, so lass uns leben aus dir und reiche Frucht bringen. ... Wir bitten dich, erhöre uns.

Gott, wir danken dir für dein Wort, für Brot und Wein, für unser Leben auf dieser Erde, die du uns anvertraut hast, für all die Wunder, über die wir staunen können. Wir danken dir für die Schätze, die du im Acker unseres Lebens verborgen hast.

Gebet

Gott, unser Vater, wir sind hier und erinnern uns daran,
dass du uns eine gute Welt zugedacht hast:
Blumen und Pflanzen, bunt und grün,
Samen und Früchte,
alle Arten von Lebewesen,
zahllose davon noch unentdeckt,
und Wasser,
das wimmelt von lebendigen Wesen.
Die Welt ein Garten,

den wir bebauen und hüten dürfen.
Ein schönes, weites Land,
ein Land, in dem Milch und Honig fließen.
Auf vielerlei Weise
werden wir von dir ermutigt,
dass wir verantwortlich handeln.
Hilf uns, damit wir unsere Mutter Erde nicht ausbeuten, sondern mit ihr auf eine Weise leben, dass alle Menschen und Mitgeschöpfe an ihren Schätzen teilhaben können.

Gott, unser Vater, wir erinnern uns an Jesus, unseren Bruder, deinen Sohn, weil auch er sah, dass alles gut war, weil er behutsam und freundlich umging mit allem, was lebt.
Er spricht uns an und lädt uns ein, die Stimme zu sein für alles, was bedroht ist. Wir erinnern uns an Jesus, weil er die Menschen befreite, Herrschaft von Menschen über Menschen verneinte und unter uns lebte als einer, der dient.

Dankgebete

Wir danken dir, Gott.
Denn wunderbar sind deine Werke.
Die ganze Welt hast du erschaffen:
Die Sonne gibt uns Licht und Wärme,
sie lässt das Korn und die Früchte reifen.
Blumen und Tiere, Wälder und Wiesen,
alles ist für uns da.
Danke, Gott, Amen.

Guter Gott,
wir danken Dir für diese Erde,
auf der wir leben und atmen.
Von dieser Erde kommt unsere Nahrung

und zugleich ist sie unsere Heimat.
Wir teilen sie mit unzähligen anderen Menschen,
mit Tieren und Pflanzen.

Guter Vater, an uns liegt es,
für die Welt von morgen mitzudenken,
wir wollen mit planen und mit sorgen,
dass Menschen, Tiere und Pflanzen
eine lebenswerte Erde von uns erben.
Lass uns nicht vergessen,
dass Du sie uns geschenkt hast.

Guter Gott,
Dir wollen wir danken,
heute und in Ewigkeit.
Amen.

Segen

Guter Gott!
Segne uns nun für den heutigen Tag. Lass uns als deine Kinder mit staunendem Herzen durch deine Schöpfung gehen.
Lass uns das Lachen von Freunden, Vogelgesang und das Rauschen der Bäume hören.
Lass uns einander in die Augen blicken und glitzerndes Wasser und Sonne erblicken.
Lass uns den Duft von Äpfeln und Blumen riechen.
Lass uns gutes Essen schmecken.
Lass uns Gras und Erde spüren, den Wind auf der Haut.

Du bist immer bei uns und du trägst uns als deine Kinder. Wir wollen dir danken für unsere wunderbare Welt. Amen.

Danke! – Mit Dankbarkeit auf die Schöpfung schauen

Hinführung zum Thema – Predigtanregungen

1. Dankbarkeit philosophisch betrachtet

Erntedank ist ein Fest, das es in vielen Spielarten auf der ganzen Welt und in ganz unterschiedlichen Religionen gibt. Die folgenden Gedanken sind vom Nachdenken des Frankfurter Religionsphilosophen Jörg Splett inspiriert.

Dankesagen ist in unserer Kultur rasch eine Frage des guten Benehmens. Wer sich bei einem anderen Menschen bedankt, der erkennt immer auch dessen Einsatz an. Danken ist ein Stück Wertschätzung, selbst dann, wenn es wie eine dahingesagte Floskel klingen mag.

Was sich so knapp über den Umgang unter Menschen sagen lässt, das gilt auch für die Beziehung des Menschen zu Gott. Gerade Erntedank erinnert daran, dass in den Früchten der Natur die Macht des Schöpfers erfahrbar wird und dieser darum Dank verdient hat.

Und wie steht es mit der Bitte? Auch sie ist ein religiöser Grundvollzug und liegt dem Menschen oft näher als der Dank. Lehrt nicht gerade Not beten, also bitten? Wie sieht es aus mit Danken und Bitten?

Wer dankt, der hat eine Erfahrung mit Gott gemacht, auf die er zurückblickt und die er als wertvolle Zuwendung Gottes verstanden hat. Wer bittet, der sucht die Zuwendung Gottes zu erreichen – und möchte letztlich nach einiger Zeit danken. So gesehen bilden Danken und Bitten zwei Seiten von derselben Münze.

Das ließe sich verlängern: Wer in seinem Beten klagt, protestiert oder jammert, der richtet sich an Gott, von dem er eine grundstürzende Änderung seiner Situation zumindest aber einen Trost erwartet. Wer im Beten klagt, traut Gott zu, dass dieser etwas ändern kann. Anders

gesagt: Wer protestiert, klagt oder jammert, setzt auf eine Veränderung, für die er am Ende danken kann.
Danken, Bitten oder Klagen sind Gebetsweisen, die alle in der Überzeugung gründen, dass von Gott alles ausgeht und bei ihm alles mündet. Letztlich sind sie alle vom Glauben getragen, dass die Güte Gottes alles so bewirken kann, dass am Ende nur der Dank bleibt. Der Unterschied liegt lediglich darin, ob der Grund für den Dank schon besteht oder noch entstehen wird.
Diese religionsphilosophische Betrachtung entspricht der Tatsache, dass der Dank für die Ernte des Jahres zu den ältesten religiösen Riten der Menschheit gehört. Er kann auch heute die Menschen vereinen, die in ihrem je eigenen Glauben die Früchte der Schöpfung als Gabe Gottes und damit als Grund für ein Dankfest betrachten.
Und das Lob Gottes? So wie der Dank auf die Vergangenheit und die Bitte in die Zukunft schaut, richtet das Lob seinen Blick auf die Gegenwart. Es erfreut sich an der Gegenwart Gottes, dessen schöpferisches Wirken vom Keimen der Frucht über das Wachstum der Pflanze bis hinein in die Erntegaben und deren Genuss durch Menschen wirkt. Wer lobt, der stellt sich in die Gegenwart Gottes hinein.
Das menschliche Beten umgreift in seinen verschiedenen Formen Vergangenheit, Gegenwart und Zukunft; es nimmt damit sowohl die stete Gegenwart Gottes wie die unterschiedlichen Situationen des Menschen ernst. Im besten Sinne erlaubt das Gebet dem Menschen, dass er für einige Zeit aus dem üblichen Ablauf der Zeit heraustritt, um in der Gegenwart Gottes Ruhe und Trost zu finden.
Wer dankt, der glaubt in einer Erfahrung ein Geschenk Gottes zu entdecken. Wer bittet, der setzt seine Hoffnung auf Gott. Wer lobt, der glaubt sich umfangen von der Gegenwart der Liebe Gottes. In den verschiedenen Formen des Betens spiegeln sich Glaube, Hoffnung und Liebe (vgl. 1 Kor 13,13) in ihrer je eigenen Weise.
So gesehen ist Erntedank einerseits ein schlichtes Fest, das die Früchte aus Weinberg und Wald, Acker und Stall in den Blick nimmt. Andererseits wird hier die grundlegende Beziehung des Menschen zu Gott, des Geschöpfs zu seinem Schöpfer, thematisiert. Vor jeder wei-

teren Interpretation kann es einen Punkt benennen, an dem sich die verschiedenen Religionen dieser Welt berühren (können).

2. Anregungen aus den Anfängen des Christentums

Die Veränderung der religiösen Landschaft in Deutschland, aber auch die wachsende Gegenwart vieler nicht-christlicher Religionen können an die Situation der ersten christlichen Jahrhunderte erinnern. Die junge Kirche musste sich überlegen, wie sie die anderen Religionen und wie sie sich selbst denkt.

Das junge Christentum tritt in eine Welt ein, die viele unterschiedliche Religionen und Kulte kennt. Die Glaubenden fragen sich, was das für sie bedeutet und wie sie mit dieser Situation umgehen sollen. Die Menschen ihrer Zeit waren zutiefst religiöse Menschen, denen Gott und die Götter selbstverständlich waren. Ein früher christlicher Denker, Klemens von Alexandrien, versucht dem im 3. Jahrhundert gerecht zu werden.

Klemens beschreibt die Religionen als Musik und Kunst, die den Menschen etwas geben. Für ihn ist Jesus Christus ein neuer Sänger eines gänzlich neuen Liedes. Er betont also ausdrücklich, wo für ihn die wahre Musik zu finden ist, tut das aber, ohne die Verbindung zur Musik anderer Religionen abzubrechen. Damit versucht er eine bloße Konfrontation zu vermeiden und die eigene Überzeugung mit einer gewissen Wertschätzung anderer Glaubender zu verbinden.

„Der du die Welt trägst und die Welt dir nahmst zum Thron, ein Rätsel schwer zu lösen, bleibt stets, wer du bist." (Klemens von Alexandrien)

Für Klemens finden sich überall in der Welt „die Funken des göttlichen Logos"; er meint damit die Spuren Jesu Christi in allen Bereichen von Leben und Glauben. Diese Funken – er nennt sie auch „Samenkörner der Wahrheit" – versteht er als Hinweis zum christlichen Glauben, selbst wenn die anderen Religionen oder Glaubenden das nicht erkennen. Mit dieser Aufwertung der anderen Glaubensformen will Klemens die Glaubenden zu Gesprächspartnern auf der Suche nach der Wahrheit machen.

Diese Wahrheit findet er im Auftrag Jesu, den Menschen die Wahrheit Gottes zu offenbaren. Klemens stellt nicht den Glauben an den einen Gott in den Vordergrund seiner Argumentation, sondern die Rolle Jesu als einem, der den Menschen die Augen geöffnet hat. Hier findet er die Mitte christlichen Glaubens, ohne darüber die Anknüpfungspunkte an andere Religionen zu verlieren.
In seinem Missionsdekret knüpft das Zweite Vatikanische Konzil an diesen altkirchlichen Gedanken an. Es erinnert an „Wahrheit und Gnade schon bei den Heiden" und bekennt „eine Art von verborgener Gegenwart Gottes". Auch das Konzil versteht diese Gaben als Spuren, die auf Jesus Christus hinweisen: „Was an Gutem in Herz und Sinn der Menschen oder auch in den jeweiligen Riten und Kulturen der Völker keimhaft angelegt sich findet, wird folglich nicht bloß nicht zerstört, sondern gesund gemacht, über sich hinausgehoben und vollendet zur Herrlichkeit Gottes, zur Beschämung Satans und zur Seligkeit des Menschen." (AG 9)
Mission lebt vom Dialog, konkret von der Wertschätzung des anderen und vom Gedankenaustausch im Interesse einer gemeinsamen Suche nach Wahrheit. Das Zweite Vatikanische Konzil konkretisiert diesen Gedanken weiter in der Kirchenkonstitution: *„Aber auch den anderen, die in Schatten und Bildern den unbekannten Gott suchen, auch solchen ist Gott nicht ferne, da er allen Leben und Atem und alles gibt und als Erlöser will, dass alle Menschen gerettet werden. Wer nämlich das Evangelium Christi und seine Kirche ohne Schuld nicht kennt, Gott aber aus ehrlichem Herzen sucht, seinen im Anruf des Gewissens erkannten Willen unter dem Einfluss der Gnade in der Tat zu erfüllen trachtet, kann das ewige Heil erlangen. ... Was sich nämlich an Gutem und Wahrem bei ihnen findet, wird von der Kirche als Vorbereitung für die Frohbotschaft und als Gabe dessen geschätzt, der jeden Menschen erleuchtet, damit er schließlich das Leben habe."* (LG 16)
Jeder religiöse Dialog lebt davon, dass Gott die Mitte der Welt ist und nicht das, was die Menschen aus ihm gemacht haben. Es geht also durchaus um Abgrenzung, aber keinesfalls um Abwertung. Dialog ist Begegnung und Austausch. Freilich braucht es dann auch eine Ant-

wort auf die Frage, was das Eigene des christlichen Glaubens ist bzw. welche Rolle Jesus Christus im Glauben der Christen spielt.

3. Inspirationen aus der Enzyklika „Laudato si"

Papst Franziskus hat seine Enzyklika „Laudato si. Über die Sorge für das gemeinsame Haus" (2015) an alle Menschen gerichtet. Damit knüpft er an eine Enzyklika von Johannes XXIII. „Frieden auf Erden/pacem in terris" (1963) an, die ebenfalls „an alle Menschen guten Willens" gerichtet war.

Franziskus stellt an den Anfang seiner Gedanken über die Bewahrung der Schöpfung sein Bekenntnis zur Treue Gottes: „Der Schöpfer verlässt uns nicht, niemals macht er in seinem Plan der Liebe einen Rückzieher, noch reut es ihn, uns erschaffen zu haben. Die Menschheit besitzt noch die Fähigkeit zusammenzuarbeiten, um unser gemeinsames Haus aufzubauen." (LS 13)

Seine kritische Analyse ist umfassend und bezieht sowohl die Sachfragen wie die daraus hervorgehende soziale Frage ein. „Niemals haben wir unser gemeinsames Haus so schlecht behandelt und verletzt wie in den letzten beiden Jahrhunderten. Doch wir sind berufen, die Werkzeuge Gottes des Vaters zu sein, damit unser Planet das sei, was Er sich erträumte, als Er ihn erschuf, und seinen Plan des Friedens, der Schönheit und der Fülle entspreche." (LS 53)

Hinter diesen mahnenden Worten wohnt eine Vision, die Franziskus beeindruckend schildert – auch in ihren Konsequenzen:

„Das gibt Anlass zu der Überzeugung, dass sämtliche Geschöpfe des Universums, das sie von ein und demselben Vater erschaffen wurden, durch unsichtbare Bande verbunden sind und wir alle miteinander eine Art universale Familie bilden, eine sublime Gemeinschaft, dies und zu einem heiligen, liebevollen und demütigen Respekt bewegt." (LS 89)

„Das bedeutet nicht, alle Lebewesen gleichzustellen und dem Menschen jenen besonderen Wert zu nehmen, der zugleich eine unvermessliche Verantwortung mit sich bringt. ... „Wir lassen in der Praxis weiterhin zu, dass einige meinen, mehr Mensch zu sein als andere, als wären sie mit größeren Rechten geboren." (LS 90)

„Alles ist miteinander verbunden. Darum ist eine Sorge für die Umwelt gefordert, die mit einer echten Liebe zu den Menschen und einem ständigen Engagement angesichts der Probleme der Gesellschaft verbunden ist.“ (LS 91)
„Freilich ist es auch wahr, dass die Gleichgültigkeit oder die Grausamkeit gegenüber den anderen Geschöpfen dieser Welt sich letztlich immer irgendwie auf die Weise übertragen, wie wir die anderen Menschen behandeln.“ (LS 92)
Im Gefolge der beiden Bischofssynoden über Ehe und Familie hat Franziskus „Amoris laetitia – Freude der Liebe“ veröffentlicht. Hier fügt er seiner Vision der Schöpfung als Familie einen wichtigen Gedanken an: „Bevor wir irgendetwas nehmen, bitten wir erst darum, es nehmen zu dürfen. Mit der Anfrage ‚Darf ich bitte?‘ bringen wir unseren Respekt vor dem anderen zum Ausdruck und laden ihn ein, dass er sein Herz öffne. Im Buch der Offenbarung des Johannes klopft auch Jesus an die Tür, damit man ihm öffne (vgl. 3,20). Dankbarkeit wird manchmal als Zeichen der Schwäche gedeutet. ‚Danke‘ sagen ist aber wesentlich für ein gutes Familienleben. Wir bringen damit die Würde der Person unserer Mitmenschen zum Ausdruck und schaffen ein Klima der sozialen Gerechtigkeit. Das dritte Wort ‚Entschuldigung‘ fällt uns schwer und ist doch so wichtig. Ohne die Bitte und die Bereitschaft zu verzeihen werden kleine Risse zu tiefen Gräben. Daher ermutigt Christus im Vaterunser zu einer Gesinnung des Verzeihens. Um Verzeihung bitten und Verzeihung schenken heilt Wunden. Bitte, Danke, Entschuldigung – das sind Schlüsselwörter unseres Lebens, in unserer Familie und der Gesellschaft.“ (Generalaudienz vom 13. Mai 2016)

4. Blick in die Katholische Soziallehre

Bereits das Zweite Vatikanische Konzil hat daran erinnert, dass das Gemeinwohl längst globale Züge angenommen hat. Es auf ein nationalstaatliches Verständnis zu reduzieren, ist im 21. Jh. kaum noch angemessen. Die Katholische Soziallehre hat dazu den Gedanken von der allgemeinen Bestimmung der Güter entwickelt.

Das deutsche Grundgesetz hat in seinen ersten Artikeln eine bemerkenswerte Verpflichtung formuliert: „Eigentum verpflichtet. Sein Gebrauch soll zugleich dem Wohle der Allgemeinheit dienen.“ (GG Art. 14.2) Die Soziallehre formuliert dasselbe Anliegen und spricht von der „allgemeinen Bestimmung der Güter“. Unter den Vorzeichen von Erntedank könnte man auch sagen: Solange die einen um das Notwendige bitten müssen, können die anderen nicht entspannt danken.
Kein Mensch kann auf die materiellen Güter verzichten, die für ihn lebensnotwendig sind. Und umgekehrt darf kein Mensch einem anderen das vorenthalten, was dieser für seine Lebensführung braucht. Dieser Gedanke hat weltweit Geltung; diese Geltung gründet nicht in einem Gesetz, sondern ist Ausdruck der allgemeinen Menschenrechte.
Die Vielfalt des Erntedankfestes bringt auch zum Ausdruck, dass Menschen nur gemeinsam für die Ernte danken können. Wer alleine dankt, der muss den anderen mitdenken und in die eigene Fülle einbeziehen. Schon das Beispiel Jesu vom reichen Kornbauern (Lk 12,16–21) erinnert daran, wie relativ Eigentum ist, das nur in den Grenzen des eigenen Lebensraums bleibt. An anderer Stelle lobt Jesus den klugen Verwalter, der streng genommen Eigentum veruntreut, aber gerade so neues Miteinander und Zukunft für viele schafft. (Lk 16,1–8)
Die Soziallehre hat zu keiner Zeit das Recht auf Eigentum infrage gestellt, aber immer seine soziale Verpflichtung hervorgehoben. Privateigentum wird letztlich als Verwaltung eines Gutes verstanden. Der Besitz ist dem Einzelnen zwar zur Verwaltung und zum Genuss anvertraut, doch muss dieser darauf achten, dass der Gewinn aus dem Besitz auch allen Menschen zugutekommt. Johannes Paul II. hat diese Verpflichtung die „goldene Regel“ sozialen Verhaltens und das „Grundprinzip der ganzen sozialethischen Ordnung“ genannt. (LE 19)
Wie zwiespältig Besitz werden kann, der seine soziale Funktion verloren hat, zeigt die Begegnung Jesu mit dem reichen Jüngling. (Mt 19,16–30) Der junge Mann ist gerade nicht mehr Besitzer seiner Güter, sondern wird von diesen besessen. In letzter Konsequenz verliert er darüber die Orientierung seines Lebens.

Biblisch haben solche Überlegungen ihre Wurzeln im Gottesbild: Jesus lädt seine Jünger immer wieder ein, die väterliche Beziehung zu erkennen, die Gott zu allen Geschöpfen hat. Die Bergpredigt fasst das im Blick auf die „Vögel des Himmels" und die „Lilien auf dem Feld". (Mt 6,26–30) Wenn Gott aber der Vater aller Menschen ist, dann ist die Menschheit gleichsam eine Familie im gemeinsamen Haus der Schöpfung.
Diese Betrachtungsweise hat in den vergangenen Jahren neue Worte geschaffen: Das Zweite Vatikanische Konzil spricht nicht zuletzt in seiner Pastoralkonstitution immer wieder von der Menschheitsfamilie. (vgl. GS 1 und 29) Und Papst Franziskus konkretisiert diesen Gedanken in der Schöpfungsenzyklika, wenn er von der universalen Gemeinschaft der Schöpfung spricht, die gerade in der ökologischen Krise sichtbar wird. (Vgl. LS 89–92)

Kyrie

A: Kyrie eleison, Herr, erbarme dich.
V: Herr, unser Gott, Schöpfer der Welt. Aus dem Nichts hast du unsere Welt ins Dasein gerufen. Pflanzen und Tiere hast du geschaffen, den Menschen den Lebensatem eingehaucht. Abend und Morgen erzählen von deiner Größe. In deiner Schöpfung können wir dir begegnen. Wir aber gehen oft achtlos an deinem Werk vorbei. Darum rufen wir zu dir:
A: Kyrie eleison, Herr, erbarme dich.
V: Herr, unser Gott: Mit Herz und Verstand hast du die Menschen, deine Ebenbilder, ausgerüstet. Du hast ihnen Mitgefühl füreinander mitgegeben und die Fähigkeit, das Wohl aller zu suchen. Darum rufen wir zu dir:
A: Kyrie eleison, Herr, erbarme dich.
V: Herr, unser Gott: Saat und Ernte, Frost und Hitze, Sommer und Winter, Tag und Nacht sollen nicht untergehen. Diese deine Verheißung hören wir, und wir sehen sie als Verpflichtung. Darum sind wir besorgt über die Zerstörung der Natur und ihre Ausbeutung gegen

alle Vernunft. Wir sind in Trauer über die Respektlosigkeit gegenüber dem Leben. So rufen wir zu dir:
A: Kyrie eleison, Herr, erbarme dich.
(Quelle: Gottesdienst- und Materialheft zum ökumenischen Tag der Schöpfung, 2014, Arbeitsgemeinschaft Christlicher Kirchen in Deutschland [Hg.], S. 4)

Dankbarkeit in den Psalmen

Psalm 8

Die Herrlichkeit des Schöpfers, die Würde des Menschen / Gotteslob 33
Der Psalm ist unter dem Eindruck des Sternenhimmels geschrieben. Er interpretiert die Himmelslichter als Königsglanz Jahwes und spricht Gott auch als Herrscher an. Diese überwältigende Erfahrung lässt den Menschen zunächst klein erscheinen – und doch hat der Mensch als Ebenbild Gottes Anteil am Königsglanz Jahwes.

Jesus bezieht den Psalm in der Tempelreinigung auf sich selbst. (Mt 21,15f.) Jesu Erhöhung ans Kreuz, in Auferstehung und Himmelfahrt ist der Grund christlicher Hoffnung.

Psalm 19

Lob der Schöpfung, Lob des Gesetzes / Gotteslob 35
Herrlichkeit ist für das AT eines der großen Gottesattribute; wörtlich könnte man auch Lichtwucht übersetzen. Die Größe Jahwes zeigt sich in seinem alles überstrahlenden Lichtglanz. Diese Erleuchtung wird den Menschen in Recht und Ordnung, vor allem im Anspruch der Gerechtigkeit erfahrbar.

Die Naturgleichnisse Jesu knüpfen an diese Sicht von Welt und Naturordnung an. Zugleich verweisen sie, letztlich wie der Psalm, über die Natur hinaus in den Bereich der Offenbarung Gottes, die dem Menschen Leben in Fülle eröffnen will.

Psalm 29

Gottes Herrlichkeit im Gewitter

Anders als in anderen Psalmen erscheint hier die Herrlichkeit Gottes nicht im Licht, sondern im Donnerklang. Insgesamt siebenmal wird die Stimme des Herrn (wörtlich auch: der Donnerruf Jahwes) genannt. Das Gewitter wird hier zum Symbol für Gottes Gericht, das alle Dinge wieder zurechtrückt.

Der Text erinnert an eschatologische Beschreibungen der Offenbarung für den, der auf dem Thron saß: Offb 5,13– Offb 20,11ff. – Off. 21,1ff. Die alte Kirche hat aus dem Geist dieses Textes das Vaterunser mit dem Lobpreis abgeschlossen: „Denn dein ist das Reich und die Kraft und die Herrlichkeit in Ewigkeit. Amen."

Psalm 65

Dank für Gottes Gaben / Gotteslob 45

Der Psalm ist im besten Sinne des Wortes ein Erntedanklied. Jahwes Walten im Kosmos spendet den Erntesegen und krönt das Jahr mit der Ernte. Am Ende interpretiert der Text das Leben der Natur als Loblied und Dankgesang.

Der Psalter war das Gebetbuch Jesu. Wir dürfen davon ausgehen, dass seine Mahlgemeinschaften immer wieder von diesem „Tischgebet" begleitet waren.

Psalm 104

Ein Loblied auf den Schöpfer / Gotteslob 58 und 645
Auch dieser Psalm interpretiert das Licht der Gestirne als Königsmantel Jahwes. In der Folge kleidet der Text die Schöpfung der Welt durch Gott in hymnische Bilder. Das Ende des Textes legt seinen Akzent auf die Freude: Gott freut sich an seiner Schöpfung, die Menschen erfreuen sich an der Freude Gottes. Die letzten Zeilen sprechen zum einen von der menschlichen Sünde, zum anderen von der Hoffnung auf eine erlöste „sündlose“ Welt.

Der Psalm will die ganze Welt auf Gott hin durchsichtig machen. Das ist ein Gedanke, den Jesus etwa in der Bergpredigt immer wieder anklingen lässt: Mt 5,45 – Mt 6,26 – Mt 6,29f.

Schriftlesungen

Dtn 16,9–16 – Fröhlich feiern und an andere denken
Der Text beschreibt zunächst das Wochenfest und das Laubhüttenfest. Das Wochenfest wird 50 Tage (pentecoste – Pfingsten) nach dem Beginn der Weizenernte begangen, verschiebt sich also je nach den klimatischen Bedingungen. Mit dem Aufruf zu einem fröhlichen Fest verbindet der Text die Erinnerung an die Zeit, in der Israel in Ägypten gefangen war. Nur wer sich beschenkt weiß, kann auch dankbar sein. Das zweite Fest ist das Laubhüttenfest und erinnert an die Gewohnheit, zur Zeit der Traubenlese in den Weinbergen zu wohnen. Dieses Fest schließt das landwirtschaftliche Jahr Israels nach der Einlagerung von Korn und Wein.
Beide Feste fordern zur Fröhlichkeit vor Jahwe auf. Sie legen großen Wert darauf, dass alle – Männer Frauen und Kinder, die landlosen Leviten, aber auch Sklaven und Fremde, Witwen und Waisen – gemeinsam feiern. Keiner soll ausgeschlossen werden.

Jes 58,9–12 – Verheißung und Frömmigkeit
Das gesamte Kapitel verbindet die Verheißung Jahwes (für das Volk im Exil) mit dem menschlichen Handeln. Frömmigkeit erweist sich im zwischenmenschlichen Handeln, insbesondere im Blick auf die Gerechtigkeit.
Die beiden zentralen Verheißungsworte greifen zum einen auf die Erfahrung von Licht in der Dunkelheit, zum anderen auf das Bild eines üppig bewässerten und blühenden Gartens zurück. Die Fülle des Gartens ist ein Bild für die Fülle der Gnade Gottes; aus ihr kann der Mensch Kraft für die Neugestaltung seiner Welt schöpfen.

Offb 22,1–5 – Ursprüngliches Paradies und himmlisches Jerusalem
Der Text verbindet mit dem Blick auf das himmlische Jerusalem die Erinnerung an den Baum des Paradieses. Eine ganze Allee von Bäumen bringt vielfach Frucht und deutet damit die überfliegende Fülle der Endzeit an. Wo Menschen im Heute Fruchtbarkeit und Erntedank erleben, da erleben sie den Anfang der kommenden Fülle.
Die Lichtsymbolik in der zweiten Texthälfte spielt auf die Schilderung der Lichtwucht Jahwes in den Psalmen an. Außerdem erinnert sie an die Völkerwallfahrt zum Zion (Jes 60,1ff.), ein Lieblingsthema Jesu: Die Glaubenden zu jeder Zeit sind berufen, dass durch sie die Völker dieser Erde zum Glauben an den einen Gott und seine biblische Verheißung kommen.

Lk 12,16–21 – Große Scheunen und kurze Leben
In der Geschichte vom reichen Kornbauern – vielerorts eine klassische Geschichte zum Erntedank – stellt Jesus irdischen Reichtum und die Realität des Todes einander gegenüber; damit äußert er sich nicht über den Reichtum von Landwirten, sondern über das Problem, dass irdischer Reichtum den Blick so sehr verändern kann, dass die wesentlichen Dinge aus dem Blick geraten.
Reichtum nur für sich entpuppt sich letztlich als Vereinsamung.
Jesus lässt offen, was reich sein vor Gott bedeutet. Andere Geschichten legen nahe, dass Reichtum in die Pflicht nimmt – nicht nur zur

Dankbarkeit gegen Gott, sondern auch zur Güte gegenüber anderen Menschen.

Mk 7,24–30 – Eine Frau bekehrt Jesus
Jesus reagiert auf die Bitte einer syrophönizischen Frau recht ungehalten. Er gebraucht vermutlich ein zeitgenössisches Sprichwort, das alle Nichtjuden als Hunde, die Juden aber als Kinder (Gottes) bezeichnet. Die Schlagfertigkeit der Frau überzeugt ihn und erinnert ihn an die eigene Vision, dass die Kinder Gottes alle Menschen zu Gott führen sollen.
Hier wechselt Jesus seinen Standpunkt, indem er sich überzeugen lässt. Aus der Ablehnung einer heidnischen Frau wird seine Zuwendung. Ihre Bitte überzeugt nicht nur, sie wandelt sich in der Begegnung zum Dank.

Lk 16,1–13 – Vom ungerechten Verwalter und dem richtigen Umgang mit Geld
Der Text fasst zwei fast schon gegensätzliche Haltungen zusammen. Im Gleichnis lobt Jesus einen ungerechten Verwalter, der aus Angst Entlassung und Strafe sich Freunde machen will. Dazu setzt er aber fragwürdige Mittel ein und verschleudert noch schlimmer als bisher das Vermögen seines Herren. Alles auf eine Karte zu setzen, ist ein Motiv, das Jesus in vielen seiner Texte kennt und schätzt. Entscheidend ist das, was ein Mensch vorzuweisen hat, wenn er plötzlich vor Gott steht.
Der zweite Text kritisiert den ersten Text und lobt die Zuverlässigkeit in allen Dingen. Aber auch hier stellt Jesus „das wahre Gut“ in den Raum. Offensichtlich geht dieses Gut verloren, wenn ein Mensch sich nicht entscheiden kann, wem seine Dankbarkeit gilt und damit seine Bereitschaft zum Einsatz. Wer nur sich sieht, der kann nicht dankbar sein.

Danke weltweit

arabisch	sukran
bosnisch	hvala
bretonisch	trugéré
bulgarisch	mersi
dänisch	tak
niederländisch	bedankt
englisch	thank you
estonisch	tänan
finnisch	kiitos
französisch	merci
deutsch	danke
griechisch	efharisto
hawaiianisch	mahalo
hebräisch	toda
indonesisch	terima kasih
italienisch	grazie
japanisch	arigatô
khmer (Birma)	akun
koreanisch	kam sah hamnida
kurdisch	spas
lateinisch	gratias ago
mazedonisch	blagodaram
malayisch	terima kasih
polnisch	dziekuje
portugiesisch	obrigado – obrigada
russisch	spacibo
spanisch	gracias
suaheli (Tansania)	asante sana
türkisch	sagolun
xhosa (Südafrika)	enkosi
yiddisch	a dank

Körpergebet „Aufgerichtet“

Sie sind eingeladen zu einem Gebet mit dem ganzen Körper: Stellen Sie sich bequem hin, mit beiden Füßen stabil auf dem Boden. Die Knie sind locker, nicht durchgedrückt, die Schultern hängen locker – damit Sie dies gut spüren, ziehen Sie die Schultern zuerst hoch und lassen Sie sie dann fallen, nun sind sie locker. Wenn Sie möchten, schließen Sie nun die Augen.
Nehmen Sie Ihren Atem wahr, wie er kommt und geht, lassen Sie ihn fließen. Nehmen Sie den Kontakt zum Boden wahr.

Zur Erde, die mich trägt,
zu meinem tragenden Grund.
Das ist mein Stand-Punkt,
so stehe ich zu mir.

Mein Oberkörper ist aufgerichtet,
mein Kopf ist gehalten,
als würde mich ein unsichtbarer Faden
nach oben ziehen.

So bin ich ausgerichtet
zwischen Himmel und Erde,
hineingestellt in die Fülle
von Gottes Schöpfung.

Ich halte meine Hände vor mich hin,
zu einer Schale geformt,
offen zum Empfangen und Verschenken,
zum Geben und Nehmen,
bereit für all das Gute, was das Leben
für mich bereithält.

Ich strecke mich dem Himmel entgegen,
öffne mich für die Liebe,
die mir zuströmt.

Ich öffne mich
für Gottes Segen,
der durch mich hindurchfließt.
Jetzt und für immer. Amen.

Lobpreis der Schöpfung

Du hast uns deine Welt geschenkt,
Herr, wir danken dir!

Du lässt Wasser in den Tälern quellen,
und alle Wesen haben zu trinken.
In den Bäumen sitzen Vögel und singen ihr Lied.
Durch Regen und Nebel machst du alles feucht,
so lässt du wachsen viele Früchte.

Du hast uns deine Welt geschenkt,
Herr, wir danken dir.

Du lässt Gras wachsen für die Kühe und Pferde und Schafe,
und Getreide zum Nutzen von uns Menschen,
damit Brot daraus werden kann,
das uns stärkt.
Aus den Früchten entsteht Saft,
der uns schmeckt.
Und Öl ist gut für innen und außen.

Du hast uns deine Welt geschenkt,
Herr, wir danken dir.

Herr, wie sind deine Werke so groß und viel!
Du hast sie klug geordnet.
Die Erde ist voll von deinen Gaben.
Da ist das große, weite Meer.
Wie viele Tiere leben dort im Meer
und an seinen Ufern?
Alle Lebewesen warten auf dich,
dass du ihnen Essen und Trinken gibst,
wenn es Zeit dafür ist.
Wenn du deine Hand aufmachst,
dann finden wir darin nur Gutes.

Du hast uns deine Welt geschenkt,
Herr, wir danken dir

Bitten

Gott, wir bitten dich: Gib uns Ehrfurcht vor allem Leben, Ehrfurcht vor deinem Werk, das du mit Weisheit gemacht hast.

Schenke uns die Erkenntnis, dass die Vielfalt unserer Kulturen Ausdruck deiner Fantasie und Weite ist.

Stärke in uns die Fürsorge für deine Schöpfung, damit wir sie als kostbares Erbe hüten.

Schenke uns Liebe und Fürsorge zu den Geschöpfen, die Zeichen deiner überfließenden Güte sind.

Gib uns Mut zu Bescheidenheit und einfacherem Leben.

Gib uns das Vertrauen, dass aus Fremden Vertraute werden können, wenn wir uns um sie bemühen und wenn wir ihnen und uns genügend Zeit zur Annäherung schenken.

Lass uns erfahren, dass Verzicht nicht einfach Verlust ist, sondern Gewinn von Freiheit und Glück bedeutet.

Guter Gott, lass uns immer tiefer begreifen, wie sehr du alles Geschaffene liebst, der du lebst und herrschst in alle Ewigkeit. Amen.

Fürbitten

Guter Gott, wer bittet, der sieht die Möglichkeiten seines Gegenübers. Wer bittet, der möchte eigentlich danken – in diesem Geist bitten wir dich:

In jedem Atemzug erleben Menschen deine Schöpferkraft. Öffne die Augen derer, die dich aus dem Blick verloren haben, und lass sie den Grund ihres Lebens finden.
Die Augen der Menschen sind voll von den Eindrücken deiner Schöpfung. Öffne mit den Augen auch die Herzen der Menschen, damit sie weitergeben, was sie empfangen haben.
In den Ohren der Menschen klingen unendlich viele Worte und wollen das Denken beeinflussen. Lass sie die wirklich wichtigen Worte heraushören.
Mit unseren Händen greifen wir zu deinen guten Gaben. Schenk uns die Kraft zur Hilfe, wo auch immer wir gebraucht werden.

Guter Gott, du hörst Bitte und Dank, Lob und Klage. Begleite alle unsere Wege, damit sie uns zu dir führen. Dir sei die Ehre heute und alle Tage bis in Ewigkeit. Amen.

Dankgebet

Gott, Quelle allen Segens!
Ich bin dankbar –
für mein Leben.

Ich bin dankbar –
für meinen Atem,
der mich mit der Welt verbindet,
für das Schlagen meines Herzens.

Ich bin dankbar –
für alle, die das Leben in Liebe mit mir teilen,
für die Feste des Lebens,
für die Fülle des Essens auf dem Tisch,
für diejenigen, die dafür gearbeitet haben.

Ich bin dankbar –
für das Dach über meinem Kopf,
die Kleidung auf meinem Körper,
für meine Gesundheit.
für die Freiheit,
dieses Gebet ohne Angst zu sprechen,
in jeder Sprache,
in jedem Glauben.

Danke, Gott, dass Du mir dies alles gegeben hast.

Quelle allen Segens!
Ich bin dankbar –
Verbunden zu sein mit der ganzen Schöpfung:
mit den Lebewesen der Urwälder,
der Kulturlandschaften und der Städte.

Mit dem Flug der Vögel,
mit den Bewohnern der blauen Ozeane.
Mögen wir achtsam auf unserer Erde wandeln.

Quelle allen Segens!
Ich bin dankbar –
Teil von allem Raum und aller Zeit zu sein,
Teil eines großen Ganzen,
Im Hier und im Jetzt.

Aktion

Nach dem Sprechen eines jeden Satzes wird ein Apfel in einen Korb gelegt.

1. Ich bringe einen kleinen Apfel.
Ich danke für alles Alltägliche und Normale in meinem Leben, für das, was ich so oft für selbstverständlich nehme: Essen und Trinken, Wohnung, Gesundheit, Gemeinschaft.

2. Ich bringe einen gesunden großen Apfel.
Ich danke für alles Schöne in meinem Leben: die Natur, meine Freizeit, die Ferien, Spiel und Spaß, meine Freunde, meine Eltern, meine Geschwister, meine Haustiere.
Ich danke für die Kunst, die Musik, für Bücher und Bildung.

3. Ich bringe drei verschiedene Apfelsorten.
Ich sage danke für die zahllosen Arten von Tieren und Pflanzen auf unserem Planeten, die auch mein Überleben sichern.
Ich danke für alle Menschen, die sich für die Artenvielfalt einsetzen.
Und wenn sie auch nur einen Regenwurm über die Straße tragen.

4. Mein Apfel ist nicht mehr ganz schön, ein bisschen eingedellt ...
Ich sage danke für alles Schwierige, das ich bewältigt habe, für gelöste

Probleme, geschlichteten Streit, für die Fähigkeit, das Beste aus etwas zu machen.
Danke für die Menschen, die sich für Gerechtigkeit, soziale Sicherheit, Freiheit und Toleranz einsetzen.

5. Ich habe keinen Apfel.
Ich danke für alles, was unaufgefordert, unbezahlt, unerwartet geschieht: Freundlichkeit, Hilfsbereitschaft, Höflichkeit.
Ich danke dafür, dass es Menschen gibt, die sich unermüdlich für Zusammenhalt einsetzen.

6. Ich betreue den Baum, von dem diese Äpfel stammen.
Und ich sage danke für die zahllosen Menschen, die sich für den Erhalt von Naturräumen einsetzen, damit das Leben weitergeht.

Guter Gott, wir danken dir für alles Gute, das uns immer wieder in deiner Schöpfung begegnet. Wie großzügig bist du, Gott! Lass uns sorgsam mit der Vielfalt umgehen, die du geschaffen hast und dich, den Schöpfer, immer wieder neu in allem erkennen.

Segen

Du Gott der Anfänge,
segne uns,
wenn wir deinen Ruf hören,
wenn deine Stimme uns lockt
zu Aufbruch und Neubeginn.

Du Gott der Anfänge,
behüte uns,
wenn wir loslassen und Abschied nehmen,
wenn wir dankbar zurückschauen
auf das, was hinter uns liegt.

Du Gott der Anfänge,
lass dein Gesicht leuchten über uns,
wenn wir in Vertrauen und Zuversicht
einen neuen Schritt wagen
auf dem Weg unseres Glaubens.

Du Gott der Anfänge,
schenke uns Frieden,
wenn der eigene Weg uns aufwärtsführt,
wenn wir Lebewohl sagen.
Lass die Blumen blühen für jeden von uns,
lass Wind uns den Rücken stärken
und die Sonne warm auf das Gesicht scheinen,
wo immer wir gehen.

Gott der Anfänge,
segne uns!
(aus Irland, Quelle unbekannt)

FAIRgelt's Gott – Für globale Gerechtigkeit eintreten

Hinführung zum Thema – Predigtanregungen

1. Vergelt's Gott!

Der Gruß ist aus der Mode gekommen. Und das hat seinen guten Grund. Denn das Wort „Vergeltung" hat keinen guten Klang. Da schwingt eher der Gedanke der Rache, des heimtückischen Zurückzahlens mit als etwas Anderes, womöglich gut Gemeintes. Offensichtlich denken wir eher daran, dass man Böses mit Bösem vergelten kann als Gutes mit Gutem. Insofern klingt „vergelten" eher nach „heimzahlen", wenn nicht „rächen", denn als „Dankeschön" oder als Verweis auf eine wie auch immer geartete „Belohnung".
Worte verändern sich. Der Anspruch, Gutes mit Gutem zu vergelten, weiß um eine zweite Bedeutung des Wortes „vergelten", auch wenn diese langsam hinter der anderen zu verschwinden droht. Hier steht nicht die Rache, sondern die dankbare Belohnung im Vordergrund der Wortbedeutung. Und indem diese dankbare Belohnung als Aufgabe Gottes verstanden wird, wandelt sich der Gruß unmittelbar zum Gebet: *„Gott, ich bitte Dich, vergelte ihm das Gute, das er mir erwiesen hat!"*
Natürlich kann man auch dieses Gebet im Sinne der Vergeltung verstehen: *„Weil Du so ekelhaft zu mir warst, soll Gott Dich bestrafen."*
Damit wäre die Diskussion natürlich abgeschlossen. Das Wort kann aber auch das Eingeständnis sein, dass ich nicht in der Lage bin, einem anderen Menschen das Gute, das ich durch ihn erfahren habe, zurückzugeben. Wo Menschen Liebe und Güte erfahren, da erfahren sie schließlich immer auch in der eigenen Begrenztheit ein Stück Ewigkeit. Wer etwas Gutes erfährt, der erfährt immer auch etwas von der Güte Gottes. Die erwiesene Liebe zwischen Menschen ist darum auch eine Interpretation der Liebe Gottes zu den Menschen. Und die

so erfahrene Güte übersteigt damit immer die Antwortmöglichkeiten eines Menschen. Auf diesem Hintergrund klingt das dankende „Vergelt's Gott" nochmals anders: *„Weil ich Dir Deine Güte nicht vergelten kann, darum bitte ich Gott um Hilfe. Er möge Dich jene Güte selber spüren lassen, mit der er durch Dich mich beschenkt hat."* Diese Interpretation versteht den Umgang der Menschen untereinander als ein Zusammenspiel mit Gott, der sich im Miteinander der Menschen manifestiert und diesen einen guten Weg weist. Nächstenliebe ist immer auch eine Interpretation der Liebe Gottes; und Gottes Liebe manifestiert sich immer wieder in der Liebe der Menschen.

Das Wort lässt natürlich weitere Deutungen zu. Ein „Vergelt's Gott" kann auch Gleichgültigkeit einschließen. Das geht nach dem Motto: „Weil ich es nicht will, darum soll Gott sich um die Sache kümmern." In volkstümlichen Legenden wandelt sich der Anspruch des „Vergelt's Gott" zum Gerichtswort. Eine polnische Legende weiß von einem geizigen Metzger, den eine arme Frau darum bat, mit einem „Vergelt's Gott" bezahlen zu dürfen. Höhnisch schreibt der Metzger „Vergelt's Gott" auf einen Zettel und legt ihn auf die Waage. Aber der Zettel wiegt schwerer als alle Wurst und alles Fleisch, das er auf die andere Waagschale legt. Erschrocken beschließt der Metzger künftig großzügiger zu den Armen zu sein. Eine andere Legende erzählt vom „Vergelt's-Gott-Sammler". Ein bösartiger und geiziger Bauer wird überredet, anderen Menschen den Fußweg über seinen Hof zu erlauben. Er lässt das aber nur unter der Bedingung zu, dass jeder, der den Weg benützt, eine Kerbe in sein Hofkreuz ritzt. Als er nach seinem Tod ans Himmelstor kommt, will Petrus ihm wegen seiner Bosheit den Einlass verwehren. Aber die vielen Vergelt's-Gott-Kerben am Hofkreuz wiegen schwerer als die Sünden des Bauern. Natürlich geht es weder um Metzger noch um Bauern, sondern um Geiz und Großzügigkeit. Denn Geiz zielt nur auf das Eigene, Großzügigkeit nimmt dagegen den anderen Menschen in seinen Bedürfnissen und damit in seiner Bedürftigkeit ernst. Hinter dem Gruß steht damit letztlich die Überzeugung, dass der Schöpfer der Welt mit einer ungeheuren Großzügigkeit die Welt und damit die Menschen beschenkt hat. Dieses Schenken Gottes lädt den Menschen ein, nicht nur Geschenke dankbar anzunehmen, sondern sie selbst großzügig weiterzuschenken. Denn jedes Geschenk spiegelt auf seine eigene Weise etwas von der Großzügigkeit Gottes wider.

2. Vergeltung in der Bibel

Verschiedene Bibeltexte nehmen diese Regel von der „Vergeltung" auf: In der Josefsgeschichte (Gen 37–50) verkaufen die Söhne Israels aus Neid ihren Bruder Josef nach Ägypten, wo dieser zum Verwalter des Pharaos aufsteigt. Als über das Land Kanaan eine Hungersnot hereinbricht, schickt Israel seine Söhne nach Ägypten, um dort Getreide zu kaufen. Doch die Brüder erkennen in Ägypten ihren verkauften Bruder Josef nicht und sind verwundert, dass er ihnen das erbetene Getreide nicht verkauft, sondern schenkt. Aber er lässt einen goldenen Becher im geschenkten Getreide verstecken, die Brüder verfolgen und nach Ägypten zurückbringen: *„Auf, jag hinter den Männern her! Wenn du sie eingeholt hast, sag ihnen: Warum habt ihr Gutes mit Bösem vergolten?" (Gen 44,4)* Erst jetzt nach einem heilsamen Schock gibt er sich den Brüdern zu erkennen. Er denkt nicht an Rache, sondern interpretiert die Vorgänge als gütige Fügung Gottes: *„Also nicht ihr habt mich hierhergeschickt, sondern Gott. ... Du kannst Dich im Gebiet von Goschem niederlassen ... Dort werde ich für dich sorgen!"* (Gen 45,8–11) In der Güte von Menschen wird die Güte Gottes erfahrbar; diese kommt selbst dann zum Ziel – wie in den oben geschilderten Geschichten -, wenn die Menschen etwas ganz anderes anzielen.
Die neutestamentlichen Briefe knüpfen in ihren Mahnungen immer wieder an diesen Vorwurf der Josefsgeschichte an, dass Böses keinesfalls mit Bösem vergolten werden soll (vgl. Röm 12,17; 1 Thess 5,15). Und sie öffnen diese Mahnung zugleich für ihr Bild vom schöpferisch-schenkenden Gott: *„Endlich aber: seid alle eines Sinnes, voll Mitgefühl und geschwisterlicher Liebe, seid barmherzig und demütig. Vergeltet nicht Böses mit Bösem, noch Kränkung mit Kränkung! Stattdessen segnet; denn ihr seid dazu berufen, Segen zu erlangen."* (1 Petr 3,8–9) Und zur

Begründung verweist das Neue auf das Alte Testament: *„Denn die Augen des Herrn blicken auf die Gerechten, und seine Ohren hören ihr Flehen; aber das Antlitz des Herrn richtet sich gegen die Bösen."* (1 Petr 3,12 nach Ps 34,13–18; vgl. Spr 3,7 und 20,22)
Gerade dieser biblische Hintergrund, ähnlich wie die geschilderten Legenden weisen darauf hin, dass die Güte Gottes die Menschen in die Pflicht nimmt. Biblisch gesehen ist jede Gabe auch eine Aufgabe. Und darüber hinaus versteht die Schrift diese Verpflichtung als Maß des göttlichen Gerichts. Die Rede vom Gericht ist in der modernen Verkündigung etwas aus der Mode gekommen, vielleicht weil lange Zeit zu viel davon geredet wurde. Gleichwohl ist sie etwa im Vaterunser, dem Gebet, das weit über den Kreis der Christenhinaus ein menschliches Kulturgut geworden ist, deutlich präsent: *„Vergib uns unsere Schuld, wie auch wir vergeben unsern Schuldigern."* (Vgl. Mt 6,12) Genau genommen bitten hier Menschen Gott um Vergebung, aber nur insoweit sie selbst zur Vergebung bereit sind. Etwas weiter gefasst könnte dieser Maßstab auch heißen, dass Menschen nur insoweit Barmherzigkeit erbitten, als sie selbst bereit sind, anderen Geschöpfen Barmherzigkeit zu erweisen. Die Bitte an Gott wird damit zur Selbstverpflichtung der Betenden. Dieser Gedanke ist im „Vergelt's Gott" nicht direkt inbegriffen, aber er darf auch hier mitgehört werden.

3. Fairness als Gerechtigkeit

Etwas Geschenktes als Geschenk erkennen ist kein Problem. Aber wie steht es mit den Dingen, die wir rechtens erworben haben? Gibt es auch für diese eine Form des Dankeschöns, des „Vergelt's Gott"? Wenn etwa ein Mensch in einer reichen Ecke der Welt geboren wird und sein Leben lang von Krieg und Gewalt verschont wird, ist das auf der heutigen Welt keine Selbstverständlichkeit. Aber kann man dafür danken?
Im Film „Titanic" berichtet die Erzählerin nach dem Untergang von den Überlebenden, die auf die rettenden Schiffe warten. Sie fühlen sich schuldig, weil sie überleben: *„Und wir anderen warteten, wir warteten auf die Rettung und auf eine Absolution, die niemals erteilt wurde!"*

Der Gedanke ist interessant. Natürlich können die meisten Überlebenden nichts für ihre Rettung und doch sind ihre Gedanken bei denen, die vom Schiff in die Tiefen des Atlantiks gerissen wurden. Die einen können leben, während die anderen ihr Leben verlieren. Eine fatale Situation.
Ohne Zweifel kann man dankbar auf die o.g. Situation schauen. Und man kann in einer solchen Situation die Verpflichtung entdecken, anderen Menschen zum Helfer zu werden. Ein älterer Mann hat mir erzählt, dass er immer spendet, wenn er Bettelbriefe sozialer Einrichtungen erhält. *„Es sind häufig kleinere Spenden“*, sagt er, *„aber mir geht es so gut, da möchte ich etwas weitergeben.“* Die Einstellung ist bemerkenswert und sie erinnert von ferne an die Titanic-Situation: Ich kann nichts dafür, dass es mir so gut geht, aber ich erlebe das als Verpflichtung, die empfangenen Güter nicht für mich zu behalten, sondern weiterzugeben.
Das kann aber kaum alles sein. Wenn nämlich „Vergelt's Gott!“ zum „FAIR-gelt's Gott!“ wird, dann wird die Haltung dieses älteren Mannes radikalisiert. Denn die Güter der Schöpfung sind nicht gerecht verteilt: Während die einen zu viel haben, haben die anderen viel zu wenig. Das klassische Beispiel ist der Kaffeekonsum. Wer fair gehandelten Kaffee kauft, der sorgt dafür, dass in anderen Weltteilen Menschen nicht nur einen gerechten Lohn erhalten, sondern sogar von ihrem Lohn gut leben können. Und wer regionale Produkte kauft – etwa Obst und Gemüse vom Bauern um die Ecke oder Milch aus dem Schwarzwald statt aus der Ferne, der sorgt dafür, dass in unserer Heimat die Landschaft gepflegt wird, Landwirtsfamilien von ihrer Arbeit besser leben können und die Umwelt von unnötigen Transporten entlastet wird. Güter aus fairem und gerechtem Handel zu kaufen, ist eine Frage der Gerechtigkeit. Niemand kann sich von der Schuld entlasten, wenn er Güter kauft, die aus ungerechten Arbeitsverhältnissen und Handelsbeziehungen stammen. Ein T-Shirt, das unter unmenschlichen Bedingungen produziert wird, kann nicht wirklich weiß sein; es ist schwarz vor Schuld und rot vom Blut. Wer es kauft, der unterstützt nicht die Näherinnen, sondern die Ausbeuter.

„Jedes Kaufen ist nicht nur ein wirtschaftlicher Akt, sondern immer auch eine moralische Handlung", sagt ein Wort von Benedikt XVI. Wenn aus einem Vergelt's Gott ein FAIRgelt's Gott wird, dann rühren wir an die Frage der Gerechtigkeit. Es kann keine Dankbarkeit geben, die die Gerechtigkeit ausschließt. Wer sein Brot dankbar isst oder seine Kleider froh anzieht, der muss an die Dankbarkeit derer, die das Brot produzieren, und an die Freude derer, die seine Kleider nähen, anknüpfen. Ohne deren Dankbarkeit und Freude bleibt die eigene Dankbarkeit und Freude schal. Dies Haltung wird von keinem geringeren Text als den Zehn Geboten unterstützt: Wenn dort vom Eigentum die Rede ist, dann geht es zum einen ums Stehlen und zum anderen ums Begehren. Wer also etwas will, was der andere hat, der kann es nur entweder gerecht und fair erwerben, oder er muss es stehlen. Aber nur der Kauf ist gerecht, der die Lebensbedingungen des anderen Menschen achtet und unterstützt.

Wer kennt in diesem Zusammenhang nicht den tief empfundenen Ausruf *„Das ist nicht fair!"*, wie man ihn etwa aus Kindermund kennt. Dieser Ausruf lässt tief empfundene Ungerechtigkeit erkennen. *„Irgendetwas stimmt hier nicht!"* wäre eine denkbare Übersetzung. Hier kriegt nicht jeder das, was ihm zusteht, was er braucht, was angemessen ist. Wir könnten die Formulierungen beliebig vermehren. Fairness ist in der modernen Diskussion ein anderes Wort für Gerechtigkeit geworden. Und damit wird zugleich das ergänzt, was die moderne Wirtschaft die Marktregeln nennt. Es kann nicht sein, dass Angebot und Nachfrage alleine den Preis regulieren. Die gegenwärtige Wirtschaft zeigt, dass dann ganze Berufsgruppen in einem Land aussterben, während in einem anderen Land oft unter brutalsten Bedingungen dasselbe Produkt produziert wird. Es kann nicht alleine um den Markt und seine Regeln gehen, sondern auch um Fairness, Klugheit und Gerechtigkeit. Die Frage muss also lauten, zu welchem Preis ein Gut produziert werden kann, und nicht vordergründig, was der Markt zu zahlen bereit ist. Denn auf der Strecke bleiben ansonsten Menschen! Handelspartner müssen die vitalen Interessen des je anderen achten. Wenn sie das nicht tun, dann han-

deln sie unmoralisch. Es lohnt sich also zu überlegen, wo man was einkauft!
In diesem Zusammenhang sei an Charles Cunningham Boycott erinnert, einen englischen Grundstücksverwalter. Im Kampf um faire Pachtbedingungen entschieden sich seine Erntearbeiter zur Arbeitsverweigerung. Er wurde Ende des 19. Jahrhunderts „boykottiert" und musste am Ende einlenken. Das Ziel waren faire Pachten, langfristige Verträge und freier Handel. Alle mussten vom Land leben können. Genau dann kann man eben FAIRgelt's Gott sagen.

4. Die Ersten und die Letzten – die Letzten und die Ersten

Im Gleichnis von den Arbeitern im Weinberg (Mt 20,1–16) wird die Frage fairen Umgangs auf eigene Weise thematisiert. Zu verschiedenen Stunden des Tages werden Arbeiter vom Gutsbesitzer in den Weinberg geschickt; am Ende erhalten alle Arbeiter denselben Lohn, die Empörung ist groß. Eine traditionelle Deutung dieses Textes geht vom Lohn des Himmelreiches aus – wer zu seiner Zeit den Weg zu Gott findet, der findet sich am Ende in der Gemeinschaft des himmlischen Hochzeitsmahles wieder. Und dort herrscht eine radikale Gleichheit aller Gäste. Der Gutsbesitzer antwortet den protestierenden Arbeitern der ersten Stunde recht provokativ: *„Darf ich mit dem, was mir gehört, nicht tun, was ich will? Oder bist du neidisch, weil ich zu anderen gütig bin?"* (Mt 20,15)
Man kann neben dieser himmlischen Interpretation aber auch eine irdische erkennen. Jeder arbeitende Mensch muss von seiner Arbeit leben können. Die Gleichheit der Bezahlung im Gleichnis ist vordergründig ungerecht, weil die einen mehr als die anderen gearbeitet haben, aber alle denselben Lohn erhalten. Den ganzen Tag über finden sich im Gleichnis Menschen auf dem Marktplatz, die Arbeit suchen, und alle werden in den Weinberg geschickt. Sie suchen Arbeit, weil sie leben möchten, und sie erhalten Lohn, damit sie leben können. Ein Lohn, der ein angemessenes Leben ermöglicht, ist im Horizont dieses Gleichnisses aber nicht einfach ein Menschenrecht,

sondern Gottes Gerechtigkeit in der Schöpfung. Und dass Gottes Gerechtigkeit und die Vorstellungen der Menschen von Gerechtigkeit immer wieder auseinanderklaffen können, ist eine Erfahrung, die das Leben Jesu und seine Verkündigung in den Evangelien wie ein roter Faden durchzieht.

Das Gleichnis ist durchaus ein Musterstück für eine gerechte Sozialordnung. Denn hier wird nicht der Lohn gedrückt, damit die Stückkosten sinken und der Gutsbesitzer einen besseren Schnitt macht. Vielmehr zeigt sich der Gutsbesitzer großzügig, verzichtet auf einen Teil seines Gewinns und ermöglicht Arbeitssuchenden ein Einkommen, von dem sie leben können. Das ist nicht einfach großzügig, das ist in den Augen Gottes fair und gerecht!

Übrigens ist ein Kapitel vor diesem Gleichnis die Begegnung Jesu mit dem reichen Jüngling geschildert. (Mt 19,16–26) Auf das Wort Jesu antwortet er: *„Alle diese Gebote habe ich befolgt. Was fehlt mir jetzt noch?“* Und Jesus empfiehlt ihm, den gesamten Besitz zu verkaufen und den Erlös den Armen zu geben. Hier findet sich ein Jesuswort, das Menschen wie Franz von Assisi zu ihrem ganz eigenen Leben inspiriert hat, und ohne Zweifel ist es nicht möglich, dass alle Menschen diesen Weg gehen. Schon der reiche Jüngling sieht sich dazu nicht in der Lage und geht traurig weg. Jesus beendet die Begegnung mit einer tiefsitzenden Warnung vor dem Reichtum: *„Ein Reicher wird nur schwer in das Himmelreichkommen. Nochmals sage ich euch: Eher geht ein Kamel durch ein Nadelöhr, als dass ein Reicher in das Reich Gottes gelangt.“* (Mt 19,23–24) Reichtum ist in der Denkwelt Jesu weder eine Strafe noch ein Vorzug, aber er ist eine Verpflichtung. Gerade das Zusammenspiel dieser Begegnung mit dem folgenden Gleichnis zeigt, dass nicht der Reichtum das Maß der Dinge ist, sondern das, was Menschen daraus machen. Die Frage des Gutsbesitzers klingt wie ein Widerhall zur Reaktion des reichen Jünglings. Während der eine nicht loslassen kann, ermöglicht der andere Menschen ein Leben in Würde.

Fair zu kaufen heißt in der Sprache moderner Geldwirtschaft einen zu hohen Preis zu bezahlen. Aber nicht fair zu kaufen ist ein ungleich höherer Preis. Einmal geht es um Geld, das andere Mal um die

Lebensmöglichkeiten der Menschen. Die beiden Schriftstellen enden mit ganz ähnlichen und häufig zitierten Versen. Der Text um den reichen Jüngling endet: *„Viele aber, die jetzt die Ersten sind, werden dann die Letzten sein, und die Letzten werden die Ersten ein."* (Mt 19,30) Wer heute nur sich und das Seine sieht, der mag vordergründig ganz oben stehen und zu den Ersten gehören, moralisch muss das aber nicht gelten. Denn das Gleichnis von den Arbeitern im Weinberg endet: *„So werden die Letzten die Ersten sein und die Ersten die Letzten."* (Mt 20,16) Unter den Vorzeichen göttlicher Gerechtigkeit werden menschliche Reihenfolgen rasch umgekehrt. Fairness heißt in diesem Horizont, dass es gerade nicht um Erste und Letzte, Letzte und Erste geht, sondern darum, dass alle Menschen von der einen Erde leben können.

5. Papst Franziskus: Fairness als Bekehrungsprozess

Papst Franziskus beendet seine Enzyklika „laudato si" mit einem Kapitel über ökologische Erziehung und Spiritualität. Dabei geht es ihm um einen Bekehrungsprozess, den die ganze Menschheit braucht: *„Es fehlt das Bewusstsein des gemeinsamen Ursprungs, einer wechselseitigen Zugehörigkeit und einer von allen geteilten Zukunft."* (LS 202) Mit großer Klarheit zeigt er die Schwächen des Marktes auf. *„Da der Markt dazu neigt, einen unwiderstehlichem Konsum-Mechanismus zu schaffen, um seine Produkte abzusetzen, versinken die Menschen schließlich in einem Strudel von unnötigen Anschaffungen und Ausgaben. ... Dieses Modell wiegt alle in dem Glauben, frei zu sein, solange sie eine vermeintliche Konsumfreiheit haben, während in Wirklichkeit jene Minderheit die Freiheit besitzt, welche die wirtschaftliche und finanzielle Macht innehat. In dieser Unklarheit hat die postmoderne Menschheit kein neues Selbstverständnis gefunden, das sie orientieren kann, und dieser Mangel an Identität wird mit Angst erfahren. Wir haben allzu viele Mittel für einige dürftige und magere Ziele."* (LS 203) Franziskus schildert fast gnadenlos, welche Auswirkungen diese Strukturen auf die Menschen haben. *„Während das Herz des Menschen immer leerer wird, braucht er immer nötiger Dinge, die er kaufen, besitzen und konsumieren kann. In diesem Kontext scheint es unmöglich, dass*

irgendjemand akzeptiert, dass die Wirklichkeit ihm Grenzen setzt. Ebenso wenig existiert in diesem Gesichtskreis ein wirkliches Gemeinwohl. Wenn dieser Menschentyp in einer Gesellschaft tendenziell der vorherrschende ist, werden die Normen nur in dem Maß respektiert werden, wie sie nicht den eigenen Bedürfnissen zuwiderlaufen." (LS 204)
Diese Situation kann nur durch einen bewussten Bekehrungsprozess verändert werden. Franziskus sieht sehr genau, dass die Situation sowohl strukturelle wie personale Züge hat. Aber Bekehrung ist immer etwas, das Menschen vollziehen und womit sie die Welt verändern: *„Eine Änderung der Lebensstile könnte dazu führen, einen heilsamen Druck auf diejenigen auszuüben, die politische, wirtschaftliche und soziale Macht besitzen. Das ist es, was die Verbraucherbewegungen erreichen, die durch den Boykott gewisser Produkte auf das Verhalten der Unternehmen ändernd einwirken, und sie erzwingen, die Umweltbelastung und die Produktionsmuster zu überdenken. Es ist eine Tatsache, dass die Unternehmen, wenn die Gewohnheiten der Gesellschaft ihre Renditen gefährden, sich genötigt sehen, ihre Produktionsweise zu ändern."* (LS 206)
Bekehrung ist in der Denkwelt des Papstes gekennzeichnet durch die Bereitschaft, sich selbst infrage zu stellen, zu neuen Anschauungen vorzustoßen und so das eigene Verhalten zu ändern. Es scheint bemerkenswert, dass Franziskus hier einen ganz traditionellen Begriff christlicher Frömmigkeit, nämlich Bekehrung, nutzt, um eine Antwort auf die ökologische Krise unserer Zeit zu formulieren: *„Die Grundhaltung des Sich-selbst-Überschreitens, indem man das abgeschottete Bewusstsein und die Selbstbezogenheit durchbricht, ist die Wurzel aller Achtsamkeit gegenüber den anderen und der Umwelt. ... Wenn wir fähig sind, den Individualismus zu überwinden, kann sich wirklich ein alternativer Lebensstil entwickeln, und eine bedeutende Veränderung in der Gesellschaft wird möglich."* (LS 208)
Wer fair und regional einkauft, der scheint vordergründig auf eigene Vorteile zu verzichten. Er scheint, denn in Wahrheit eröffnet er anderen Leben, er schenkt also Leben. Die Menge an fair gehandeltem Kaffee wie an regional gekauften Produkten lässt sich in Lebensqualität und Menschenleben darstellen. Und je mehr Menschen das tun –

da ist der Papst ganz klar, desto mehr wird sich das Angesicht der Erde verändern. In der aktuellen ökologischen Krise geht es sogar nicht nur um das Angesicht der Erde, sondern um das Überleben der Menschheit und damit um die Sorge für das gemeinsame Haus, wie Franziskus seine Enzyklika untertitelt hat.

6. Geiz ist geil. Oder: Die goldene Regel

Zuletzt kann man immer wieder an jenen Werbeslogan erinnern, der mittlerweile aus dem Verkehr gezogen wurde: „Geiz ist geil!" Vielleicht war er am Ende sogar den Konzernen peinlich, die ihn zu ihrem Leitwort gemacht haben. Denn Geiz heißt, dass ich so sehr auf das Eigene achte, dass mir der andere gleichgültig wird. Sein Wohl hat mit meinem Wohlbefinden gar nichts zu tun. Es sind letztlich zwei Eigenschaften, die den Geizigen ausmachen: Zum einen ist er voller Angst, weil er niemandem mehr vertrauen kann und alles fürchtet, was seinen Wohlstand mindert; zum anderen ist er mit Blindheit geschlagen, weil er nicht mehr die Situation des anderen, sondern nur noch die eigene Kasse sieht. Was aber noch weitaus schwerer wiegt, ist, dass er am Ende auch sich selbst nichts mehr gönnen kann. Jede Freude ist ihm vergällt, weil sie seinen Wohlstand mindert – am Ende ist der Wohlstand des Geizigen ihm wichtiger als sein Wohlbefinden. Geiz macht nicht nur einsam, sondern richtet sich am Ende sogar gegen den Geizigen selbst. Insofern wohnt dem Geiz auch etwas Tragisches an.

Der Rat Jesu zu einem bereicherten statt einem beraubten Menschsein ist die berühmte goldene Regel: „Alles, was ihr also von anderen erwartet, das tut auch ihnen! Darin bestehen das Gesetz und die Propheten." (Mt 7,12) Jesus lädt ein, die eigenen Erwartungen gut zu prüfen; denn, wenn diese Erwartungen das eigene Verhalten prägen, dann werden Begegnungen bereichert, Auseinandersetzungen werden fair geführt. Volkstümlich geht der Rat von einer gewissen Vermeidungsstrategie aus: „Was du nicht willst, dass man dir tu, das füg' auch keinem andern zu." Tatsächlich ist der volkstümliche Rat das

Mindestmaß dessen, was Fairness fordert. Aber Jesus geht über die Vermeidung des Unangenehmen, ja Bösen hinaus. Wer gut behandelt werden möchte, der muss gut handeln, wer fair belohnt werden möchte, der muss fair belohnen. Man darf sich hier einmal mehr an die Bitte des Vaterunsers erinnert fühlen: „Vergib uns unsere Schuld, wie auch wir vergeben unseren Schuldigern." Ein ganz ähnlicher Gedanke ist im Vorfeld der goldenen Regel formuliert: „Richtet nicht, damit ihr nicht gerichtet werdet! Denn wie ihr richtet, so werdet ihr gerichtet werden, und nach dem Maß, mit dem ihr messt und zuteilt, wird euch zugeteilt werden. Warum siehst du den Splitter im Auge deines Bruders, aber den Balken in deinem Auge bemerkst du nicht? Wie kannst du zu deinem Bruder sagen: Lass mich den Splitter aus deinem Auge herausziehen! – und dabei steckt in deinem Auge ein Balken? Du Heuchler! Zieh zuerst den Balken aus deinem Auge, dann kannst du versuchen, den Splitter aus dem Auge deines Bruders herauszuziehen." (Mt 7,1–5).

Jesus geht in seiner goldenen Regel über menschliche Vermeidungsstrategien hinaus. Er weiß, dass Menschen nicht nur einer Ergänzung bedürfen, er weiß auch, dass Menschen einander ergänzen können. Statt von den Defiziten zu reden, denkt er an die wunderbaren Möglichkeiten des Menschen. Fairness denkt in diesem Sinne gerade nicht von den Schwächen her, sondern von einem guten Umgang miteinander. Große Denker und Gläubige aus Südamerika wie Oskar Romero oder Helder Camara haben darum immer wieder auf eines hingewiesen: Wer bereit ist, gerechte Preise zu zahlen, der muss weniger Almosen geben. Und man könnte noch einen ganz alten Gedanken hinzufügen, der sich ganz in diese Gedankenreihe einfügt: Frieden kann nur dort entstehen, wo Gerechtigkeit geübt wird. Darum hat schon Thomas von Aquin formuliert, dass Frieden das Werk der Gerechtigkeit sei. Und in der Tat können faire Spieler friedlich den Platz verlassen.

Schrifttexte

Gen 13,1–12 – Die Trennung von Abram und Lot

Abram und Lot kommen aus Ägypten nach Kanaan und müssen feststellen, dass das Land zu klein, die Ressourcen für beide Großfamilien zu knapp sind. Es kommt sogar zum Streit zwischen den Hirten der beiden. Der Vorschlag Abrams ist fair: „Trenn dich also von mir! Wenn du nach links willst, gehe ich nach rechts; wenn du nach rechts willst, gehe ich nach links." (Gen 13,9)
Grundlage der Fairness ist hier der Respekt vor den Bedürfnissen des jeweils anderen. Die Entwicklung der beiden findet auf Augenhöhe statt und verhindert die weitere Eskalation im Streit der Hirten. Nach der Trennung von Abram und Lot spricht Gott seine Verheißung neu aus.

Gen 44,1–45,28 – Josef und seine Brüder

Josef, der von seinen Brüdern aus Neid nach Ägypten verkauft wurde, wird oberster Verwalter des Pharaos und begegnet den Brüdern neu, als diese wegen einer Hungersnot in Ägypten Hilfe suchen. In der Begegnung der Brüder spielt Vergeltung in ihren verschiedenen Varianten eine wichtige Rolle: Gutes mit Gutem, Böses mit Bösem, Gutes mit Bösem, Böses mit Gutem vergelten. Alle Varianten werden angespielt. Im Hintergrund steht letztlich die Weisheit des Josef, der die fetten Jahre nutzt, um für die mageren Jahre vorzusorgen. (Gen 41,1–36) Diese Vorsorge wird aber nicht zum Eigennutz umgemünzt, sondern mit anderen geteilt. Sowohl die weise Vorsorge wie das solidarische Teilen sind Ausdruck fairen Handelns.

Apg 4,32–35 – Die Gütergemeinschaft der Urgemeinde

Die Schilderung der Urgemeinde mit ihrer Gütergemeinschaft wird bereits in der Apg mit der menschlichen Gier nach Besitz konfrontiert. Einerseits wird eine ideale Situation geschildert: Beeindruckt von Tod und Auferstehung können Menschen einen neuen Zugang zum Umgang mit Besitz finden und damit ein alternatives Miteinander prägen. Dieses ist von der wechselseitigen Sorge, aber auch von der Bereitschaft zum Teilen gekennzeichnet.

Apg 5,1–11 – Der Betrug von Hananias und Saphira

Die angefügte Geschichte um Hananias und Saphira setzt einen massiven Kontrapunkt gegen die idealisierte Schilderung der Jerusalemer Urgemeinde. Wo eigensüchtige Gier mächtiger wird als die Sorge füreinander, da siegt der Tod über das Leben.

Mt 20,1–16 – Gleichnis von den Arbeitern im Weinberg

Obwohl die Arbeitenden zu ganz unterschiedlichen Tageszeiten in die Arbeit im Weinberg eintreten, erhalten doch alle denselben Lohn. Das lässt sich sowohl als ungerechte, weil ungleiche Belohnung verstehen, aber auch als faire Orientierung an den Bedürfnissen der Arbeitenden deuten: „Oder bist du neidisch, weil ich zu anderen gütig bin?“ (Mt 20,15)
Der Text ist auch verstehbar auf dem Hintergrund der verschiedenen Aussagen Jesu zum Reichtum etwa in der Begegnung mit dem reichen Jüngling, die diesem Text unmittelbar vorausgeht (Mt 19,16–26). Jesus versteht Reichtum als Verpflichtung und damit als besondere Einladung zu einem fairen Verhalten.

Mt 7,12–14 – Die goldene Regel und die zwei Wege

In der goldenen Regel der Bergpredigt formuliert Jesus das Grundgesetz fairen Verhaltens, weil es die berechtigten Erwartungen des anderen genauso ernst nimmt wie die eigenen. Dass das nicht selbstverständlich ist, zeigt die moderne Neuinterpretation der Regel: Was du nicht willst, das man dir tut, ...

Wie dramatisch diese beiden Interpretationen einer Lebensregel zu verstehen sind, zeigt sich am Folgetext, in dem Jesus den Unterschied zwischen einem weiten und damit selbstverständlichen Weg ins Verderben und einem schmalen, d. h. mühsamen Weg ins Leben markiert.

Fürbitten

Guter Gott, Wasser und Brot, alles, was wir zum Leben brauchen, kommt von dir. Es ist genug von allem da. Es ist an uns, deine Gaben gerecht zu verteilen.
Wir bitten dich für alle, die kein sauberes Trinkwasser haben, die täglich viele Kilometer gehen müssen, um überhaupt an Wasser zu gelangen.
Wir bitten dich für alle, deren Tiere und Felder unter Trockenheit und Dürre leiden, die nichts zu essen haben.
Wir bitten dich für alle, die ihr Land und ihre Heimat verlassen müssen, weil Konzerne ihnen das Recht auf Wasser gestohlen haben.
Wir bitten dich für die Lebewesen der Meere und für die Menschen an den Ufern der Meere, die in Abwasser und Müll ersticken.
Wir bitten dich für uns, dass wir mit dem kostbaren Wasser und dem Lebensraum Wasser achtsam umgehen.
Wir hungern und dürsten nach Gerechtigkeit. Gib uns Wasser zum Leben, gib uns das Wasser des Lebens.

Meditation: Der Himmel ist dort

Der Himmel ist dort,
wo Menschen einander gut sind,
wo Menschen miteinander reden,
wo Menschen füreinander sorgen,
wo Hungernde Nahrung erhalten,

wo Kranke besucht werden,
wo Traurige getröstet werden,
wo Versöhnung den Streit beendet,
wo Gemeinsinn den Eigensinn ablöst,
wo Menschen miteinander teilen,
wo Gerechtigkeit regiert,
wo jeder Mensch gleich viel gilt,
wo ein Leben in Würde möglich ist.
© Gisela Baltes, Brot für das Leben der Welt
(Joh 6, 24–35)

Meditation: Wenn du Unrecht siehst

Wenn du Unrecht siehst und handelst,
wenn du Hoffnung nährst und teilst,
wenn du mit anderen leidest und fühlst:
dann strömt Recht mit dir wie Wasser,
dann wirst du Teil der Verheißung
und Segen für die Eine Welt.

Wenn du Schreie hörst und ihnen nachgehst,
wenn du Flagge zeigst und kämpfst,
wenn du mit anderen weinst und lachst:
dann strömt Recht mit dir wie Wasser,
und Segen für die Eine Welt.

Wenn du Barmherzigkeit schenkst und empfängst,
wenn du Frieden suchst und lebst,
wenn du mit anderen betest und schweigst:
dann strömt Recht mit dir wie Wasser,
dann wirst du Teil der Verheißung
und Segen für die Eine Welt.
Jörg Nottebaum

Segen

Segne unsere Herzen, Gott,
dass wir aufmerksam bleiben
für die Ungerechtigkeiten,
dass wir Mut fassen,
Gerechtigkeit zu schaffen,
wo es uns möglich ist.
Segne unser Denken,
Gott, dass wir voller Fantasie
die Fülle entfalten,
die Du in uns gelegt hast.
Segne unser Fühlen und Denken,
dass wir zu Sichtwechseln fähig werden,
und lass uns erkennen,
dass die Welt Deine Schöpfung ist,
uns anvertraut.
Segne unser Handeln, Gott,
dass durch unser Tun
für immer mehr Menschen
ein Leben in Würde und Freiheit möglich wird.
Segne unsere Entscheidungen, Gott,
dass sie getragen sind
von Weitsicht und Weisheit.
So segne uns, Gott,
dass wir miteinander teilen und lebendig halten,
was Du uns geschenkt hast:
die Schätze der Erde.

Landwirt schafft ... – Leben von den Früchten des Feldes

Hinführung zum Thema – Predigtanregungen

1. Der galiläische Frühling

Die Anfangsphase Jesu in seiner Heimat wird immer wieder als „galiläischer Frühling“ bezeichnet. Damit werden verschiedene Momente zusammengefasst: Zum einen ist es der Anfang seines öffentlichen Wirkens, zum anderen ist diese Aufbruchsphase von einem ungeheuren Optimismus geprägt. Und nicht zuletzt prägt die Landschaft um den See von Galiläa (oder Genezareth) diese Zeit. Am See wächst und blüht die Natur in einer ungeahnten Weise. Am Wasser wird die Lebenskraft der Natur erfahrbar: Und so verweisen die frühen Gleichnisse Jesu immer wieder auf die Lebenskraft der Natur, das Wachstum von Blumen und Früchten. So wie die Natur wächst und blüht, so wächst auch das Reich Gottes, selbstverständlich und offensichtlich zugleich.
Diese Orientierung an der aufbrechenden Natur ist bemerkenswert. Denn Jesus ist der *„Sohn des Zimmermanns“ (Mt 13,55)*, also eines Baumeisters oder Bauhandwerkers. Da würden sich ganz andere Bilder nahelegen, die er aus seiner Einführung in den Beruf des Vaters sicher gekannt hat; es sind aber Bilder von dem, was Menschen machen und machen können. Stattdessen verweist er die Menschen auf ihre Schöpfungserfahrungen und damit in eine Erfahrungswelt hinein, die alle Zeitgenossen machen können, wenn sie nur mit offenen Augen durch die Welt gehen, in der sie leben. Damit rückt er in seiner Predigt das von Gott in der Schöpfung Geschenkte in den Mittelpunkt; es ist wichtiger als das vom Menschen in der Technik Machbare. Die Schöpfung wird zum Weg, die Gegenwart Gottes in der Menschenwelt zu entdecken. Und sicherlich will er damit auch

einen wichtigen Satz erinnern, der sich mit den ersten Zeilen der Bibel verbindet: *„Und Gott sah, dass es gut war." (Gen 1,4)*

Man wird aber auch festhalten müssen, dass hier nicht nur ein optimistischer Aufbruch stattfindet. Das zeigt sich im Herbst des Lebens Jesu, als er zunehmend erkennen muss, wie sich seine Gegner gegen ihn verbünden und sein Ende betreiben. In dieser Lebenssituation interpretiert er seine Botschaft neu und deutet das Schöpfungsbild auf die eigene Person: *„Wenn das Weizenkorn nicht in die Erde fällt und stirbt, bleibt es allein; wenn es aber stirbt, dann bringt es reiche Frucht." (Joh 12,24)* Hier deutet er nicht nur die Anfangsbotschaft ins eigene Leben und Sterben hinein, sondern hält auch den Optimismus des galiläischen Frühlings durch. Ja, er radikalisiert diesen Optimismus auf eine unbedingte Hoffnung hin: Der den Anfang der Welt und des Menschen gesetzt hat und in allem Wachstum der Natur seine Lebenskraft erkennen lässt, der wird diesen Anfang so im Tod erneuern, wie er das mit jedem Samenkorn tut.

Jesus nutzt die Schöpfungsbilder, weil die Natur für den Menschen eine Heimat ist, die alles zum Leben Notwendige schenkt. Und der Herr der Natur erweist sich für ihn als ein Liebhaber des Lebens, der im Wachsen sein Schenken erkennen lässt. So wie die Natur wächst und blüht und gedeiht, so wächst die verborgene Gegenwart des Reiches Gottes, das gegenwärtig und verborgen zugleich dem Menschen Zukunft und Hoffnung eröffnet. Indem Jesus diese Bilder wählt, ermutigt er seine Zuhörer, auch ihre Beobachtungen zu machen und ihren Erfahrungen zu trauen; denn in beidem zeigt sich ihnen ein liebender Vater.

2. Das Gleichnis vom Sämann und seine Deutung (Mk 4,1–9 / 4,13–20)

In einem seiner bekanntesten Gleichnisse vom Sämann verbindet Jesus in einer ganz eigenen Weise Realismus und Optimismus. Höchst realistisch zeigt sich Jesus, wenn er von der Aussaat erzählt und nur zu gut weiß, dass viel gesät werden muss, damit überhaupt Früchte wachsen. Denn Teile der Aussaat werden gefressen, verdorren oder ersticken. Aber trotz dieser massiven Einschränkungen bleibt er optimistisch: Denn der Samen auf gutem Boden bringt so viel Frucht, dass die Verluste mehr als ausgeglichen werden, dreißigfach, sechzigfach und hundertfach. Der Optimismus ist nicht einfach stärker als der Realismus, die Ernte ist nicht einfach größer als der Verlust; in ihrem Zusammenspiel eröffnen sie zugleich einen Blick auf den in der Natur überreich schenkenden Schöpfer. Ohne Aussaat und Ernte gäbe es keine Lebensmittel und damit kein Leben der Menschen. Sie können wachsen, weil die Natur wächst und blüht und schenkt.

Mit diesem für seine Zeitgenossen alltäglichen Geschehen von Aussaat und Ernte findet Jesus auch ein Bild für sein eigenes Wirken. Er versteht sein eigenes Wirken als eine Aussaat des Wortes; wie der Sämann den Samen in die Erde bettet, so schenkt er seine Worte und Bilder in die Herzen von Menschen. Beide dienen dem Leben der Menschen. Und Wachstum, innerlich wie äußerlich, ist immer ein Geschenk Gottes.

Jesus hält in dieser Übersetzung seines eigenen Gleichnisses den Optimismus unbedingt durch, auch wenn er von Menschen weiß, die zwar hören, aber auch überhören. *„Wer Ohren hat zu hören, der höre!“ (Mk 4,9)*, ist darum nicht einfach ein Einsprengsel in seiner Predigt, sondern eine gewichtige Mahnung. Denn in der Deutung des Sämanngleichnisses erklärt er mit, was Menschen an der eigenen Fruchtbarkeit hindert. Im Überhören scheint es, als würde der Satan des Wortes auf dem Weg zum Ohr des Hörenden davontragen. Aufmerksamkeit und Hingabe sind zwei Haltungen, die der Hörende wie der Sämann braucht, damit Früchte wachsen können. Aber es gibt daneben auch unbeständige Menschen, die der geringste Widerstand zum Aufgeben bringt. Neben die Aufmerksamkeit stellt Jesus hier eine Einladung zu Ausdauer und Geduld. Und zuletzt verweist er auf Menschen, die sich von allerlei Dingen und Eindrücken ablenken lassen und so nicht zu Hörern des Wortes werden. Ihnen fehlt die Konzentration auf das Wesentliche und die Abgrenzung vom Unwesentlichen, um zum Ziel zu kommen.

Was Jesus hier als Gefährdung für die Hörer seiner Predigt formuliert, sind auch die Gefahren für den Sämann. Aufmerksamkeit und

Hingabe, Ausdauer und Geduld, Konzentration und Abgrenzung sind jene Haltungen, mit denen Menschen zu jenen Früchten kommen, die Gott ihnen im Wachstum der Natur und des Menschen schenken will. Damit das von Gott geschenkte Wachstum den Menschen erreicht, ist dieser zu eigener Anstrengung eingeladen. Nur so können Gott und Mensch sich begegnen.

3. Das Gleichnis von der selbst wachsenden Saat (Mk 4,26–29)

In einem anderen Bild führt Jesus nochmals das göttliche Schenken und die menschliche Sorge um das Wachstum der Natur zusammen. Es ist das Gleichnis von der selbst wachsenden Saat, in dem der Sämann sich nach der Aussaat hinlegt und der Ernte entgegenschläft. Wer wollte sein Geld nicht im Schlaf verdienen? Und wer weiß nicht, dass das keinesfalls geht, weil Gott vor den Erfolg den Schweiß des Tüchtigen gestellt hat. Wieder klingen das Schenken Gottes und die Mühe des Menschen in einem Bild zusammen.
Zunächst will Jesus hier deutlich machen, dass keine menschliche Mühe und keine noch so gut durchdachte Technik an die Stelle des natürlichen Wachstums treten können. Wachstum ist nicht einfach machbar, es kann auch nicht erzwungen werden. *„Die Erde bringt von selbst ihre Frucht." (Mk 4,28)* Dem Menschen fällt hier die Aufgabe der Hege und Pflege zu, Gott aber das Schenken und die Lebenskraft. Gerade die Landwirtschaft macht deutlich, dass die menschliche Arbeit und das Wachstum der Schöpfung in einer ganz eigenen Weise zusammenwirken. Darum ist die Ernte immer zugleich Frucht der menschlichen Arbeit und Gabe der göttlichen Zuwendung. An Erntedank danken Menschen nicht nur für die geschenkte Ernte, sondern zugleich für das Geschenk der menschlichen Kraft und Tüchtigkeit, durch die alleine Aussaat, Pflege und Ernte möglich geworden sind. Auch sie sind ein Geschenk der Liebe Gottes.
Gerade im schlafenden Landmann findet Jesus ein Bild und die Einladung, hinter allem Wirken und Walten den schenkenden Gott zu entdecken. Denn er alleine ist der Grund aller Dinge, indem er zum

einen das Wachsen und Reifen der Natur bewirkt und zum anderen den Menschen zum Heger und Pfleger der Natur und der Welt begabt. Freilich lernen wir gerade in der Gegenwart, dass die zur Pflege Bestellten das Wachstum nicht bewirken, wohl aber verunmöglichen können. Erntedank könnte auch ein Fest des Umweltschutzes werden: Menschen ist die Welt zum eigenen Nutzen anvertraut, aber nicht so, dass die göttliche Gabe im Nutzen verbraucht und zerstört wird.

Gerade der Umgang mit der Natur und den Gaben der Schöpfung verlangt nach einer ethischen Kultur. Hier findet das Bild vom schlafenden Landmann in der Neuzeit eine ganz neue Bedeutung: Der Schlaf könnte auch als Bild für alles das stehen, was die Menschen mit der Schöpfung nicht tun dürfen. Das ist nicht einfach eine Mahnung an die Landwirtschaft, sondern auch eine Frage an den Umgang aller mit Lebens- und Nahrungsmitteln. Es ist letztlich ein Trugschluss, dass die Menschen ruhig schlafen können, weil der Markt alles regelt. Nicht nur die Politik, auch jeder einzelne Verbraucher kann helfen, jene zu unterstützen, die in der Agrarwirtschaft und Lebensmittelproduktion ethische Maßstäbe einhalten und sich dem Wohl der Menschen, dem Schutz der Natur und der Verantwortung für die kommenden Generationen verpflichtet wissen. Gute Arbeit fordert gerechte Preise gerade im Umgang mit der Schöpfung.

Wenn Jesus am Ende dieses kurzen Gleichnisses von der *„Zeit der Ernte" (Mk 4,29)* spricht, dann spielt er damit auch auf das Jüngste Gericht an, in dem Gott Ernte hält. Wann Arbeit und wann Schlaf dran sind, wann Abwarten und wann Einsatz, sind kritische Fragen für den Menschen. Weil keiner sein Geld im Schlaf verdienen kann, darum ist ein ethischer Umgang mit der Schöpfung und mit denen, die die Schöpfungsverantwortung für die vielen Menschen wahrnehmen, gefordert. Wenn etwa eine Gesellschaft ihre Verantwortung für die Schöpfung auf eine kleine Bevölkerungsgruppe wie die Landwirte überträgt, dann ist sie auch zur Fürsorge für diese Gruppe aufgefordert und darf nicht schlafend die Augen vor deren Situation verschließen.

4. Das Gleichnis vom reichen Kornbauern (Lk 12,13–21)

Das Bild vom reichen Kornbauern, der nur noch den eigenen Wohlstand sieht, hat immer wieder Missklänge hervorgerufen; dennoch darf man es nicht aus den Augen verlieren. Natürlich zielt Jesus hier nicht auf die Landwirte als eine gierige Berufsgruppe, sondern er macht in der Haltung des Reichen eine Haltung aus, die den Menschen grundsätzlich in Gefahr bringt. Jesus warnt vor der Habgier als einer Haltung, die alles für sich will und darüber den anderen Menschen aus dem Blick verliert. Die berechtigte Daseinsvorsorge wird von der Gier nach immer mehr dramatisch überschattet. Mit keinem Gedanken kritisiert Jesus die Arbeit oder die Ernte des reichen Mannes; auch der Bau immer größerer Scheunen und der Genuss der Früchte sind nicht Gegenstand der Kritik, sondern berechtigte Überlegungen. Die Kritik Jesus trifft den Wunsch des Mannes, alles für sich zu behalten und die Grenzen des Lebens im Tod zu übersehen: *„Wem wird dann alles das gehören, was du angehäuft hast?“ (Lk 12,29)*
Der Reiche im Gleichnis hat offensichtlich nicht verstanden, dass Ernte Begegnung und Gemeinschaft stiften möchte. Die Gaben der Schöpfung gehören allen Menschen und können erst im gemeinsamen Besitz ihren Segen entfalten. Die Soziallehre hat daraus etwa die Sozialbindung allen Eigentums entwickelt. Und so ist Erntedank nicht nur ein Schöpfungsfest, sondern auch ein Fest der Gerechtigkeit. Wenn die Landwirtschaft Nahrungsmittel aus der Schöpfung gewinnt und damit zur Ernährung der Menschen beiträgt, dann nimmt sie eine Aufgabe wahr, die eine Gesellschaft nicht irgendwie, sondern unbedingt braucht. Landwirtschaft ist, weil sie lebensnotwendig für alle ist, eine gesamtgesellschaftliche Aufgabe, die eine kleine Bevölkerungsgruppe für alle leistet. Landwirte pflegen nicht einfach ihr Land, sondern aller Land, aller Landschaft und Heimat. Und aus dieser Pflege erwachsen Gaben, die alle nur dann genießen dürfen, wenn sie bereit sind, den Preis zu bezahlen, der dem Produkt entspricht und die Hüter der Natur leben lässt.
Die Warnung an den reichen Kornbauern ist, so gesehen, eine Mahnung zur Gerechtigkeit. Die traditionelle Formel für Gerechtigkeit

lautet: „Jedem das Seine!“ Sie fordert auf, die eigenen Bedürfnisse gut zu überdenken und zugleich die Notwendigkeiten des anderen Menschen in die eigenen Überlegungen einzubeziehen. Ob das in einer Gesellschaft gelingt, ist letztlich eine Frage der Solidarität; im Horizont dieses Gleichnisses ist es auch eine Frage, ob das eigene Leben gelingt oder scheitert.

5. Die wunderbare Brotvermehrung (Joh 6,1–21)

In der Geschichte von der wunderbaren Brotvermehrung begegnen sich ein dramatischer Mangel und ein buchstäblich wunderbarer Überfluss. Im Vordergrund steht nicht die Wunderkraft Jesu, der mit fünf Broten und zwei Fischen eine riesige Menschenmenge speist; es scheint vielmehr um eine nicht zu bewältigende Situation zu gehen: *„Wo sollen wir Brot kaufen, damit diese Leute zu essen haben?“ (Joh 6,5)* Die Situation scheint ausweglos, auch wenn die Geschichte gut ausgeht. Genau an der Grenze zwischen Mangel und Überfluss, also zwischen auswegloser Situation und grenzenlosem Staunen, steht ein schlichtes Dankgebet: *„Da nahm Jesus die Brote, sprach das Dankgebet und teilte an die Leute aus, soviel sie wollten.“ (Joh 6,11)*

Die Situation des Überflusses ist in unserem Land so groß, dass wir den Mangel neu organisieren müssen. Wer etwa eine Bäckerei betritt, der steht vor einer solchen Auswahl an Brotsorten und Brötchenvariationen, dass die Kaufentscheidung oft schwer wird. Da scheint die Geschichte von der Brotvermehrung bedeutungslos zu werden. Andererseits sind Fastenkurse in Bildungshäusern und Kurkliniken ein Renner. Ob sie aus spirituellen oder medizinischen Gründen angegangen werden, scheint da fast egal. Natürlich ist der Hunger in dieser Welt nicht überwunden, aber wir schauen in unserem Land aus der Situation des Überflusses auf die Länder des Mangels und müssen deshalb wieder neu lernen, das zu schätzen, was täglich auf unserem Tisch landet. Wenn etwa der Fastenarzt Franz-Xaver Mayr empfiehlt, die eigene Nahrung dankbar zu sich zu nehmen und das in einem Augenblick der Stille vor dem Essen zum Ausdruck zu bringen, dann denkt er letztlich

Hunger und Sättigung, Mangel und Überfluss zusammen. Oder sollte es einfach ein profanes Tischgebet sein?
Auch im Evangelium von der Brotvermehrung steht zwischen Mangel und Überfluss das Dankgebet Jesu. Im Danken und Teilen, im Teilen und Verteilen vollzieht sich das Wunder der Brotvermehrung. Nicht umsonst lautet die Vaterunserbitte *„Unser tägliches Brot gib uns heute!“ (Mt 6,11)* und keinesfalls „Mach mich jeden Tag satt!“ Zum einen entdecken die, die das Brot brechen, dass Brot immer ein Geschenk Gottes ist, zum anderen nehmen sie die Botschaft mit, dass Brot nie einem Menschen alleine gehört. Darum gehört zum Erntedankfest immer schon die soziale Verantwortung für die im Mangel. Bereits das Alte Testament verbietet die Nachlese auf den Äckern; so können die Armen kommen und die liegen gebliebenen Ähren einsammeln, um von ihnen zu leben. Auch das ist Teilen.
Übrigens endet das Evangelium mit einer ernsten Mahnung, die zum sofortigen Handeln führt: *„Sammelt die übrig gebliebenen Brotstücke, damit nichts verdirbt.“ (Joh 6,12)* Es ist falsch, wollten wir nur den Überfluss sehen, in dem unsere Gesellschaft lebt. Denn gerade der Reichtum unserer Welt verführt zu einem härteren Einsatz der Ellbogen und mindert die Solidarität. Warum sollten wir teilen? Nun, wer um sein tägliches Brot betet, der betet immer auch für das tägliche Brot seiner Nächsten und dieser Welt mit. Die Vernichtung oder Verschwendung von Lebensmitteln passt nicht in diese Haltung. Denn eine Botschaft der wunderbaren Brotvermehrung lautet auch: Hunger ist eine Frage der Verteilung. Damals auf einer Wiese und heute in der ganzen Welt.

Tagesgebet

Gott, unser Vater,
unser Wissen und unsere Technologien
geben uns ungeahnte Möglichkeiten
bei der Nutzung der Güter der Erde.

Gib uns Augenmaß und Demut vor der Schöpfung,
damit wir die Grundlagen des Lebens nicht zerstören.
Du hast uns die Erde gegeben,
damit wir sie bewahren.
Hilf uns, die Schöpfung zu achten und zu schonen,
damit auch zukünftige Generationen
auf der Erde leben können.

Fürbitten

Jesus Christus, gegenwärtig in unserer Mitte: Sei das Brot des Lebens für alle Menschen, die in Angst um ihre Existenz leben. Lass ihnen Trost und Hilfe zukommen.

Jesus Christus, gegenwärtig in unserer Mitte: Landwirtinnen und Landwirte, Müllerinnen und Müller, Bäckerinnen und Bäcker sorgen für unser tägliches Brot. Schenke ihnen durch uns Anerkennung und Wertschätzung für ihr Werk.

Jesus Christus, gegenwärtig in unserer Mitte: Du bist das Brot des Lebens. Wer zu dir kommt, wird nie mehr hungern und dürsten. Gib uns die Bereitschaft, hungernden Menschen von unserem Überfluss abzugeben.

Jesus Christus, gegenwärtig in unserer Mitte: Du gibst uns Halt in den gegenwärtigen Nöten und Schwierigkeiten. Lass uns immer mehr vertrauen auf dich.

Jesus Christus, gegenwärtig in unserer Mitte: In Wein und Brot der Eucharistiefeier wird uns immer wieder bewusst: Du bist der Mittelpunkt unseres Glaubens. Wir bitten dich auch für die Kirche: Lass sie den Weg der Liebe gehen.

Jesus Christus, Brot unseres Lebens, du stärkst uns mit deiner Gegenwart. Dafür danken wir dir jetzt und in alle Ewigkeit.

Bitten

Guter Gott, reich und vielfältig hast du unser Leben ausgestattet. Wir danken dir für die Früchte unserer Arbeit und bitten dich: um Arbeit für alle und um eine gerechte Verteilung der Ernte.

Wir bitten dich für unsere Umwelt, dass wir Menschen mit Respekt und Achtung vor der Natur leben und im Wissen, dass es keine zweite Welt gibt, die uns ernährt.

Wir danken dir für das viele Schöne und Gute, das wir erleben dürfen. Stärke alle Menschen, die es schwer in ihrem Leben haben.

Herr, du beschenkst uns mit reichen Gaben. Stärke uns im Vertrauen auf dich, stärke uns in der Liebe zu allem, was existiert, stärke uns in der Hoffnung, dass alles gut ist, wenn wir uns mit dir verbinden.

Wir pflügen und wir streuen

1. Wir pflügen und wir streuen
Den Samen auf das Land,
Doch Wachstum und Gedeihen
Steht in des Himmels Hand:
Der tut mit leisem Wehen
Sich mild und heimlich auf
Und träuft, wenn heim wir gehen,
Wuchs und Gedeihen drauf.

2. Er sendet Tau und Regen
Und Sonn- und Mondenschein
Und wickelt seinen Segen
Gar zart und künstlich ein
Und bringt ihn dann behende
In unser Feld und Brot:
Es geht durch unsre Hände,
Kommt aber her von Gott.

3. Was nah ist und was ferne,
Von Gott kommt alles her,
Der Strohhalm und die Sterne,
Das Sandkorn und das Meer.
Von ihm sind Büsch und Blätter
Und Korn und Obst, von ihm
Das schöne Frühlingswetter
Und Schnee und Ungestüm.

4. Er lässt die Sonn aufgehen,
Er stellt des Mondes Lauf;
Er lässt die Winde wehen
Und tut die Wolken auf.
Er schenkt uns so viel Freude,
Er macht uns frisch und rot;
Er gibt dem Viehe Weide
Und seinen Menschen Brot.
Matthias Claudius

Segen

Guter Gott!
Gib uns deinen Segen.
Lass uns mit offenen Augen und Ohren durch die Schöpfung gehen.
Lass uns Stimmen und Stille hören,
Vogelgesang, Hundegebell, das Summen von Bienen.
Lass uns die vielen Tiere, Blumen und Bäume erblicken.
Lass uns den Geruch von Gras und Erde riechen.
Lass uns frisches Obst und gutes Essen schmecken.
Lass uns lebendige und frohe Menschen sein.
Gib uns Kraft, wenn wir Dinge erleben müssen, die nicht so schön sind.
Auch hier bist du bei uns und trägst uns als deine Kinder.
Lass uns dich loben für die Schöpfung an allen Tagen unseres Lebens.

Geschenkt! – Von Überfluss und rechtem Maß

Hinführung zum Thema – Predigtanregungen

1. *„Geschenkt!"*

Wer nachdenklich vor einem Erntedankaltar steht, dem mag die Erinnerung an einen Gabentisch kommen. Am Geburtstag oder an Weihnachten gibt es häufig einen Gabentisch. Geschenke bringen häufig die Wertschätzung dessen zum Ausdruck, der es übergibt. Freilich gibt es halt auch Geschenke, die man macht, weil man sie machen muss. Da bringen Menschen etwas mit, weil sie sich in der Pflicht sehen, etwas mitzubringen. Oder sie nützen eine Gelegenheit, um denen etwas zu schenken, von denen sie früher etwas geschenkt bekommen haben. Man sieht sich halt in der Pflicht. Diese wenigen Hinweise mögen genügen: Schenken ist gar nicht so leicht, und nicht jedes Geschenk ist wirklich ein Geschenk. Es gibt wahrlich viele vergiftete Geschenke unter Menschen.
Vielleicht kommt man dem Geschenk ja auf die Schliche, wenn man die Gegenbegriffe auslotet. Wer etwa seinen Lohn bekommt, der bekommt nichts geschenkt, weil er das verdient hat. Manches wird Geschenk genannt, was in Wahrheit ein Verdienst ist. Und wenn man etwas bekommen hat, das man zurückgeben muss, dann ist das auch nicht geschenkt, sondern geliehen; oder es wird ein verkapptes Geschäft nach dem Motto getätigt: Ich gebe und du gibst zurück. Übrigens war dieses Motto der Hintergrund der römisch-griechischen Religiosität in der Frühzeit des Christentums. Die Menschen brachten Opfer, um die Gottheit gnädig zu stimmen und eine gute Reaktion von ihr zu erzielen. Inwiefern manches von dieser Religiosität bis heute weiterlebt, kann man befragen; auf jeden Fall wäre es ein echter Prüfstein für die eigene religiöse Praxis.

Gegen diese heidnische Religiosität verkündet das Christentum das Geschenk des Sohnes, die Gabe der Freiheit und letztlich das Wesen eines schenkenden Gottes. Gott schenkt seinen Sohn an Weihnachten – und Menschen haben darauf die Tradition der Geschenke gemacht, die dieses Schenken des Vaters im Himmel illustrieren sollen. Der Sohn verschenkt sich selbst in seinen Worten und Taten, letztlich in seiner Hingabe am Kreuz. Hier macht er deutlich, dass er gerade dem, der in letzter Einsamkeit und Verzweiflung angekommen ist, seine Nähe schenkt. Und der Pfingstgeist befreit die Menschen zu einer Freiheit, die nicht mehr erworben oder erkämpft werden muss, sondern in letzter Freiheit von dem, der geschenkt hat, ausgelebt werden kann.

Der Erntedankaltar bringt das in ganz eigener Weise zum Ausdruck. Gott beschenkt seine Kinder, der Schöpfer bereichert die Geschöpfe, indem er gibt. Jedes wirkliche Geschenk macht den Goldgrund, die Großzügigkeit und Selbstlosigkeit des Schenkenden sichtbar. Das zeigt sich ideal unter Menschen, aber immer bei Gott. Dankbarkeit ist kein Gebot, sondern eine Einsicht. Wir können die Geschenke Gottes nicht erwidern, aber seine Großzügigkeit anerkennen. Im Geschenk begegnen Menschen immer dem Schenkenden; und im Umgang mit dem Geschenk würdigen sie den, der geschenkt hat. Es ist nicht die Frage, ob wir den Apfel essen, der auf dem Erntedankaltar liegt, es kommt darauf an, wie wir ihn in die Hand nehmen und essen.

Dazu gehört auch die Frage, ob wir nicht zufällig den Apfel essen, den Gott einem anderen zugedacht hat. Wer kennt nicht den Ärger, wenn ein anderer das Kuchenstück gegessen hat, das irgendjemand für uns aufgehoben hat. Der Goldgrund des Schenkenden strahlt immer auch auf die aus, die das Geschenkte entgegennehmen und manchmal einfach nicht an den weiterleiten, für den es ursprünglich gedacht war.

Damit ist auch gesetzt, wie wir als Menschen Menschen beschenken können. Die schönsten Geschenke sind doch die, die keinen Anlass in sich tragen. Wenn ich etwas für einen anderen finde und ihm mitbringe um eines Lachens willen, dann ist die Gabe ein Geschenk.

Und wenn ich einen anderen Menschen entdecke, der mir meinen

Einsatz wert ist, dann beginnt Freundschaft und sogar Liebe. Weil dann der andere Mensch zu einem Geschenk für mich wird und von Gott zu erzählen beginnt, einfach weil er da ist. Dann kann am Ende eines Lebens selbst eine Beerdigung den Charakter eines Erntedankfestes annehmen: Wir geben einen Menschen an Gott zurück und danken, dass er unter uns sein durfte, dass Gott uns mit ihm beschenkt hat. In guten Stunden schenken wir dann im Sterben derer, die wir lieben, diese an Gott zurück ... und gönnen sie ihm, selbst wenn es uns wehtut.

2. *„Geschenkt?"*

Es gibt einen Sprachgebrauch von „geschenkt", der nicht wertschätzend gemeint ist, sondern etwas abwertet und zur Seite rückt. Jemand trägt ein Argument vor, weist auf etwas hin, bringt etwas mit und hört als Kommentar von seinem Gegenüber ein abwertendes „geschenkt". Gemeint ist dann, dass das Argument wertlos, die Gabe der Aufmerksamkeit nicht wert ist. Mit einem knappen Hinweis wird etwas entwertet und landet auf dem Müllhaufen des Wertlosen. Geschenkt.

Die Abwertung wird mit einem kostbaren Wort zum Ausdruck gebracht. Und dahinter steht eine noch weit tiefere Abwertung. Denn dieser Sprachgebrauch sagt, dass ein Geschenk eigentlich etwas Wertloses ist. Lass es weg, weil es nur ein Geschenk ist. Wertvoll ist in dieser Betrachtungsweise nur das selbst Erworbene, das Verdiente und mit eigener Kraft Erschaffene. Dahinter steckt das Bild eines einsamen Menschen, der nur auf die eigene Kraft zu setzen bereit ist – selbst dann, wenn er etwas in Gemeinschaft mit anderen zustande bringt. Es gibt nicht nur das einsame Ich, es gibt auch das einsame Wir. In diesem merkwürdigen Sprachgebrauch kommt das zum Ausdruck.

Dabei wird hier etwas ganz Wesentliches übersehen: Keiner lebt nur aus sich selbst, jeder lebt jeden Tag des Lebens auch vom anderen. Wer das übersieht, der übersieht ein Grundgesetz des Lebens. Denn kein Mensch ist der Grund seiner eigenen Existenz, andere haben über unsere Entstehung entschieden – im idealen Fall, weil sie sich und uns geliebt haben. Und wir können als Menschen nur erwachsen werden, weil andere uns ihre Aufmerksamkeit und Zuwendung, ihre Zeit und Kraft schenken, ja schenken. Diese Erfahrung wiederholt sich am Ende des Lebens, wenn Menschen Hilfe und Pflege brauchen, weil ihnen die Kraft oder die eigene Beweglichkeit fehlen. Diese Corona-Zeiten haben viele in eine Situation versetzt, die genau dem entspricht. Plötzlich waren Menschen aufeinander angewiesen, und immer wieder haben Menschen das entwickelt, was den Anfang und das Ende jeglichen Menschenlebens kennzeichnen. Sorge und Aufmerksamkeit, praktizierte Solidarität sind nicht irgendwie zum Menschen hinzukommende Größen, sie machen sein Leben aus. Ohne diese Dinge wird das Leben wahrlich unmenschlich.

Umgekehrt könnte man auch sagen, dass Schenken das Leben erst wahrlich menschlich macht. Wo Menschen schenken, da erzählen sie vom Grund allen Lebens. Wo Menschen beschenkt werden, da begegnen sie dem Anfang und dem Ende – und sie werden zum Vertrauen eingeladen, dass wir am Ende zu dem heimkehren, von dem wir am Anfang gekommen sind.

Und was hat das alles mit Erntedank zu tun?

Vielleicht muss man sich vor einen Erntedankaltar mit seiner Farbenfülle, seiner Geschmacksvielfalt und seinem offensichtlichen Reichtum stellen und einfach über das Wort „geschenkt“ nachdenken. Ja, was denn anderes als geschenkt. Nicht abwertend, sondern bewundernd und fragend.

3. „Was soll's?“

Wer hätte noch nie diesen Seufzer ausgestoßen? Vielleicht steht man vor einer Arbeit, die man nicht zu Ende bringen kann. Vielleicht denkt man an einer Lösung herum, die es nicht zu geben scheint. Oder die Situation ist so aussichtslos, dass alles sinnlos zu werden droht. Und dann steht diese Frage im Raum. Es ist nicht nur ein Seufzer der Verzweiflung, es ist auch eine Frage, die tief in den Menschen wohnt. Was soll's? Das bedeutet auch warum, wozu, woher und

wohin. Alle diese Frageworte stecken in einem Seufzer und einem Lebensgefühl.
Was also soll Erntedank in einer Zeit und Gesellschaft, die keinen Mangel kennt. Warum soll man Danke sagen, wenn doch alles da ist, jederzeit verfügbar? Das Problem unserer Gesellschaft ist doch nicht, dass wir zu wenig, sondern zu viel haben. Und im Zuviel haben wir ein Verteilungsproblem. Diese Situation verändert auch das Erntedankfest. Kann man noch Danke sagen, wenn immer alles da ist? Oder brauchen wir Menschen einen anderen Blick auf die Gaben? Soll Erntedank eine Stütze sein, die den Wert der Erntegaben, die Würde der damit verbundenen Arbeitskraft oder den im Erntedankaltar schlummernden Genuss neu zu sehen lehrt? Die Wahrheit, so sagen die Philosophen, entsteht im Auge des Betrachters. Der Seufzer könnte die Einleitung zu einer neuen Sicht der Dinge darstellen; dann wäre Erntedank so etwas wie eine Schule des Sehens und Erkennens. Ihr erster Blick gilt dem Menschen.
Das Mittelalter hat in den Tugenden von Klugheit und Gerechtigkeit, Tapferkeit und Maß ein Bild vom Menschen entwickelt. Klug ist, wer um die rechten Ziele weiß und einen Weg dahin findet. Gerecht ist, wer nicht nur die eigenen Wege und Ziele kennt, sondern auch die der anderen anerkennt und achtet. Tapfer ist, wer weiß, was er riskieren kann bzw. welchen Verlust er hinzunehmen bereit ist. Und maßvoll lebt der, der die eigenen Bedürfnisse abzuschätzen weiß und das Notwendige vom Überflüssigen zu unterscheiden lernt. Es wäre eine interessante Sache, diese Tugenden auf Erntedank also den Umgang mit Lebensmitteln hin zu orientieren. Daraus könnte so etwas wie ein Beichtspiegel für Konsumenten oder eine Gebrauchsanweisung für die Schöpfung erwachsen. Einen Schritt dahin haben wir in diesem Heft formuliert.
Aber die Schule des Erkennens und Sehens wird den Blick des Betrachters auf die Grundlagen der Welt und des Lebens und damit auf Gott richten. Wiederum die mittelalterliche Theologie hat die Schöpfung als *vestigia Dei*, als Spuren Gottes interpretiert. Dann würde der Erntedankaltar zu einem Spiegel der Fülle und Vielfalt

eines Gottes, der diese Schöpfung aus Liebe ins Dasein gerufen und damit zu einem Widerschein der eigenen Herrlichkeit gemacht hat. Spätestens hier wird der Widergeist aber auch anfragen, was wir Menschen aus diesem Widerschein der Herrlichkeit gemacht haben. Die Antwort dürfte nicht leichtfallen.

Ein Ansatz dazu findet sich in jenem Seufzer des „Was soll's"! Denn Menschen müssen etwas vom Sinn erkennen, der in ihrem Tun und ihren Verhältnissen wohnt, um handeln und leben zu können. „Was soll's?" ist darum nicht nur die Frage nach der Situation, sondern auch nach ihrem Wert und ihrer Perspektive. Letztlich rührt die Frage an die Frage nach Gott. Menschen können keinen Sinn machen, sondern nur finden. Sinn stiften, das ist wahrlich göttlich. Erntedank, selbst radikal in seinem Sinn befragt, kann für die Gottesfrage öffnen. Jesus hat für dieses Seufzen seine eigene Antwort gefunden. Wenn er immer wieder Menschen vom himmlischen Hochzeitsmahl erzählt hat, dann hat er nicht vertröstet. Aber er hat Menschen, die Hunger und Verzicht kennen, von der Fülle eines reich gedeckten Tisches erzählt. Wie müssen die Augen dieser Menschen geleuchtet haben, wenn sie sich das vorgestellt haben. Und dann hat Jesus sozusagen noch eins draufgesetzt: Das Strahlen und Freuen eines solchen reich gedeckten Tisches darf an ein Hochzeitsmahl erinnern, das immer andauert, das Genuss und Fülle, Gemeinschaft und Austausch miteinander verbindet. Die Fülle des heute Erlebten wird in diesem Bild zur Verheißung für ein ewiges Morgen.

Was soll's?

Es scheint heute geboten, Erntedank ganz grundsätzlich zu befragen. Wir kommen dann aber nicht an der Frage vorbei, wie wir uns und unser Leben vorstellen, was wir von Gott und seinen Gaben denken und welche Hoffnung in der Tiefe unser Leben trägt.

3. Erntedank?

„Sobald es etwas zu essen gibt, schlägt sie zunächst zu. Sie häuft sich den Teller voll, als würde es morgen nichts mehr zu essen geben. Und sie tut das, obwohl sie es längst besser weiß."

Ein Vater erzählt so von seiner Tochter. Er hat sie buchstäblich aus dem Elendsviertel ihrer Kindheit in Indien adoptiert. Seit vielen Jahren lebt sie schon in Deutschland, geht zur Schule und hat inzwischen längst ihren Weg gemacht. Aber noch als Kind in sicheren deutschen Verhältnissen gab es Reaktionen auf Essen und das Verhalten großer Vorsicht. Der urmenschliche Trieb, für die eigene Verpflegung zu sorgen, hat sie noch in der Situation sicherer Ernährung angetrieben.

Man kann mit diesem Verhalten durchaus das Massenphänomen vergleichen, als zu Beginn der Corona-Einschränkungen Mehl und Hefe, Nudeln und Klopapier in rauen Mengen gekauft wurden. Für einige Tage, die sich zu wenigen Wochen reihten, gab es in diesem Land des Überflusses plötzlich wieder leere Regale. Es war wie die ursprüngliche Reaktion des kleinen Mädchens, das sich Essen sicherte, obwohl das gar nicht notwendig war. Menschen haben gekauft, als ob man mit einem Regal voll Mehl und Klopapier das Leben sicherstellen könnte. Bei meinem eigenen Einkaufen habe ich plötzlich entdeckt, dass ich mich umgesehen habe: Lade ich zu viel in den Wagen? Oder schauen mir andere zu und denken, ich kaufe zu viel?

Erntedank?

Das Erntedankfest ist eines der ur-menschlichsten Feste. Wenn die Menschen in vorstaatlicher Zeit, sagen wir eine Gruppe von Urzeit-Menschen, genügend Nahrungsmittel gesammelt oder geerntet und eingelagert hatten, dann war ihre Existenz für eine gewisse Zeit wieder gesichert. Und vermutlich haben sie ihren Gottheiten gedankt, dass genügend Essen zur Verfügung steht. Das Leben war wieder für eine gewisse Zeit sicher, gefährdet war es freilich immer. Eine Vielzahl der Feste im Alten Testament sind Erntefeste ... für Wein oder verschiedene Getreide ... und nur nach und nach sind diese ursprünglichen Erntefeste mit anderen Themen verbunden worden. Mit der Idee einer guten

Ernte und damit der Lebenssicherung verbanden sich andere Erfahrungen und haben doch diesen Anfang nie ganz vergessen lassen.
Und wenn wir nach vorne schauen: Es gibt die Reaktion des kleinen adoptierten Mädchens, es gibt kurzfristig leere Regale, aber die Angst, Lebensmittel könnten fehlen, steht kaum im Vordergrund der Wahrnehmung. Damit fällt auch das Bedürfnis zu danken immer mehr weg. Erntedank läuft Gefahr, zu einem Fest der Landwirtschaft zu werden, die hier einen Akzent setzt, bevor die nächste Runde im Arbeitszyklus beginnt. Was auch in dieser reichen Gesellschaft bleibt, ist die Frage, ob alle Mitglieder mit ausreichend Mitteln ausgestattet sind, sich die in den kleinen und großen Märkten angebotenen Lebensmittel auch zu kaufen. Damit ist das Thema der Solidarität angespielt. Ein ausgeklügeltes Sozialsystem sichert in Deutschland viele Möglichkeiten, längst nicht alle. Und leere Regale, Vorrats- und Hamsterkäufe zeigen, dass in einer Krisensituation Solidarität auch erkämpft sein will.
Erntedank?
Diese wenigen Beobachtungen weisen darauf hin, dass Nahrungsmittel rasch für selbstverständlich gehalten werden. Es braucht den nachdenklichen Blick etwa auf die Gaben eines Erntedankaltars, der uns sagt: Die Vielfalt ist unglaublich, die Fülle geht über jedes Maß hinaus. Da sind Dinge über eine lange Zeit gewachsen und liegen vor uns. Wo nichts war, ist etwas entstanden. Die Erde spendet ihre Gaben und macht uns reich. Ohne die Zeit zu schauen und zu staunen, wird man diese Botschaft nicht vernehmen können. Hinter der selbstverständlichen Fülle zeigen sich die Gaben als Geschenke. Und sie erzählen von einem schenkenden Gott, der aus der eigenen Fülle heraus seine Kinder reich machen will und so neu von Gott denken lässt. Gottes Wesen ist zu schenken, Leben und Freiheit, aber eben auch Nahrung und Kleidung, Gemeinschaft und vieles mehr. Dass viele daraus den Anspruch entwickeln, dass Gott schenken müsse, verdankt sich eben auch unserer modernen Situation. Erntedank birgt auch die Botschaft, dass Gott genügend für alle schenkt, die Menschen aber ein Verteilungsproblem haben. Nicht das Schenken Gottes, sondern das Verteilen der Menschen führt zu einem Hunger-

problem auf der Erde. Jede Gabe Gottes birgt eine Aufgabe für Menschen.
Jedes Erntedank fragt nach dem Gottesbild der Feiernden wie nach ihrem Menschenbild. Wo diese Fragen nicht gedacht und bedacht werden, da gleichen alle jenem kleinen Mädchen, das beim Essen zuschlägt, als würde es kein Morgen geben.

Fürbitten

Gott, unser Vater, du Schöpfer von allem, was ist, dich bitten wir für alle Geschöpfe, die mit uns in dieser Welt leben. Lass uns staunen über die Wunder der Schöpfung. Lass uns in allen Dingen deine Spur erkennen. Öffne unsere Augen und Ohren, wecke alle unsere Sinne für alles, was lebt – in Wäldern und Wiesen, auf Bergen und in Tälern, in Flüssen, Seen und Meeren. Wecke in uns die Freude an deiner Schöpfung!

Wir bitten dich für die Erde, die uns und alles Leben trägt und die von Schadstoffen immer mehr belastet ist.
Für das Wasser, das für uns und alle Geschöpfe unersetzliche Lebensquelle ist und das wir doch oft unnötig verschwenden und verschmutzen.
Für die Luft, ohne die wir nicht atmen und leben können und die wir dennoch mit unseren Abgasen im Übermaß belasten.

Wir bitten für die Tiere, unsere Mitgeschöpfe, die durch Menschen vielfach Qualen und Schmerzen leiden.
Für die Tiere und Pflanzen, die uns erfreuen und nützen, die unsere Lebensgrundlage sichern und deren Vielfalt doch so bedroht ist.

Wir bitten für die Menschen in der Landwirtschaft, die sich darum mühen, das tägliche Brot für alle zu sichern.

Wir bitten für die Verantwortlichen in der Politik, um Weisheit und Klugheit, um Weitsicht und Augenmaß.

Wir bitten dich besonders für die Politiker, die durch Machtmissbrauch die Existenzgrundlagen aller Lebewesen gefährden und zerstören.

Meditation: Ein gesegneter Mensch

Ich bat Gott um Stärke,
aber er machte mich schwach,
damit ich bescheiden würde
und demütig.
Ich erbat seine Hilfe,
um große Taten
zu vollbringen,
aber er machte mich
kleinmütig,
damit ich gute Taten vollbrächte.
Ich bat um Reichtum und Güter,
um glücklich zu werden
und sorglos zu sein;
er machte mich arm,
damit ich weise würde
und unabhängig
und frei.
Ich bat um alle Dinge dieser Welt,
damit ich das Leben genießen könne.
Er aber gab mir das Leben,
damit ich mich freute
– an den Dingen der Welt.
Ich erhielt nichts von dem, was ich erbat,
aber alles, was gut war für mich.

Gegen mich selbst wurden meine
Gebete erhört;
Ich bin unter allen Menschen ein gesegneter Mensch.
Aus dem Amerikanischen

Meditation: Gott der kleinen Dinge

Du Gott der kleinen Dinge

Du Gott der kleinen Dinge,
du öffnest mir die Augen
und lässt mich täglich tausend Wunder sehen.
Hast auch dem kleinsten Ding und Lebewesen
seine ihm eigene Gestalt gegeben.
Ich sehe staunend Blüten, Blätter, Steine,
Ameisen, Käfer und Libellen.

Du Gott der kleinen Dinge,
du öffnest mir die Ohren
und lässt mich ungezählte Stimmen hören.
Hast jedem Vogel
einen eigenen Gesang gegeben.
Ich höre Grillen zirpen, Blätter rauschen.
Dort plätschert eine Quelle.

Du Gott der kleinen Dinge,
du öffnest mir die Sinne
und lässt mich immer wieder
neue Düfte spüren.
Hast jeder Blume
ihren ganz besondren Duft gegeben.
Die frischgemähte Wiese
erkenn' ich am Geruch,

an einem anderen
den kurz zuvor gefällten Baum.
Der Tannenwald riecht anders als das Meer.
Du Gott der kleinen Dinge,
Dank sei dir dafür.
© *Gisela Baltes*

Gebet für unsere Erde

Allmächtiger Gott,
der du in der Weite des Alls gegenwärtig bist
und im kleinsten deiner Geschöpfe,
der du alles, was existiert,
mit deiner Zärtlichkeit umschließt,
gieße uns die Kraft deiner Liebe ein,
damit wir das Leben und die Schönheit hüten.
Überflute uns mit Frieden,
damit wir als Brüder und Schwestern leben
und niemandem schaden.

Gott der Armen,
hilf uns,
die Verlassenen und Vergessenen dieser Erde,
die so wertvoll sind in deinen Augen,
zu retten.
Heile unser Leben,
damit wir Beschützer der Welt sind
und nicht Räuber,
damit wir Schönheit säen
und nicht Verseuchung und Zerstörung.
Rühre die Herzen derer an,
die nur Gewinn suchen
auf Kosten der Armen und der Erde.

Lehre uns,
den Wert von allen Dingen zu entdecken
und voll Bewunderung zu betrachten;
zu erkennen, dass wir zutiefst verbunden sind
mit allen Geschöpfen
auf unserem Weg zu deinem unendlichen Licht.

Danke, dass du alle Tage bei uns bist.
Ermutige uns bitte in unserem Kampf
für Gerechtigkeit, Liebe und Frieden.
(von Papst Franziskus, aus Laudato Si Nr. 246)

Segen

In aller Bedrängnis begleite dich Gott mit dem Segen der Ruhe und heiteren Gelassenheit.
In allem Zwiespältigen stärke dich Gott mit dem Segen klarer Erkenntnis und Entschiedenheit.
Bei allen Infragestellungen führe dich Gott mit dem Segen der Ermutigung und Rückendeckung.
In aller Dürre und Trockenheit erfrische dich Gott mit dem Segen einer in dir sprudelnden Quelle.
In aller Schwäche und Ohnmacht belebe dich Gott mit dem Segen der inneren Stärkung und Kraft.
Bei allen Bedenken und Zweifeln beseele dich Gott mit dem Segen des Vertrauens und der Zuversicht.
In allem, was dir widerfährt, gebe dir Gott den Segen seiner immerwährenden Gegenwart auf allen deinen Wegen.
Paul Weismantel

Das alles gebe ich euch – Unsere Verantwortung gegenüber Gottes Schöpfung

Hinführung zum Thema – Predigtanregungen

1. „Hiermit übergebe ich euch ..." (vgl. Gen 1,29 und Gen 9,3)

Der Satz findet sich im ersten Buch der Bibel zweimal. Beide Male geht es um eine Übergabe durch Gott und damit verbunden um Verantwortung für den Menschen. In der Gabe Gottes wohnt die Verantwortung des Menschen. Und in beiden Texten geht es um Nahrung. Der Mensch darf von der Erde nehmen und essen; man könnte auch sagen: Er darf die Schöpfung nutzen und genießen. Aber Nutzen und Genuss sind nur die eine Seite der Medaille, die andere Seite heißt Verantwortung und Fürsorge. Denn Nutzen ist nicht Ausnützen, denn Genuss ist nicht Rücksichtslosigkeit.
Damit wird diese Übergabe in den größeren Kontext des sogenannten Kulturauftrags (Gen 1,28) eingeordnet: *„Gott segnete sie, und Gott sprach zu ihnen: Seid fruchtbar, und vermehrt euch, bevölkert die Erde, unterwerft sie euch, und herrscht über die Vögel des Himmels und über alle Tiere, die sich auf dem Land regen."* Der Mensch soll die Erde bevölkern (wörtlich erfüllen), was genau nicht schrankenloses Wachstum bis zur Erschöpfung der Erde bedeutet. Und Herrschaft ist biblisch verstanden Hirtendienst, also Lebensgemeinschaft und Fürsorge, Nutzen und Genuss für alle Beteiligten. Herrschaft muss am Hirtendienst Maß nehmen; andernfalls wird sie zu einer buchstäblich gnadenlosen Verzerrung der Verhältnisse und führt direkt in die Katastrophe für alle. Positiv gewendet stellt der Hirtendienst die Gemeinschaft in den Vordergrund und damit den wechselseitigen Nutzen im Miteinander aller Geschöpfe. Wo immer dieses zerbrechliche Miteinander der Geschöpfe und ihrer Interessen nicht behütet, sondern einseitig aufgekündigt wird, da wird der Kulturbefehl ver-

raten. Die Gabe der Schöpfung wird zerstört, der Mensch ist an seiner Aufgabe gescheitert.
Hier könnte man kurz an die Bedeutung des Fastens erinnern. Sein Sinn besteht in der Erforschung der eigenen Notwendigkeiten und damit in der Beschränkung des Konsums. Im Fasten wird wieder ein gesundes Maß der Dinge gesucht, das den eigenen Bedürfnissen entspricht. Damit werden im Fasten auch wieder die Grenzen der Schöpfung sichtbar; Maßhalten ist nicht nur ein Blick auf sich selbst, sondern schließt die Achtung vor den Gaben der Schöpfung ein. Im Fasten kommt das Eigene, der Andere und das Ganze wieder in den Blick.
Interessant sind in den beiden Bibelstellen auch die Unterschiede: So zielt die Schöpfungsgeschichte (Gen 1,29) auf eine vegetarische Ernährung des Menschen. Dagegen erlaubt die Noah-Geschichte (Gen 9,3) ausdrücklich auch den Genuss von Fleisch. Ausgeschlossen ist Fleisch, in dem Blut fließt. Die jüdische Tradition nimmt diesen Aspekt sehr ernst und hat darum für koschere Nahrung das rituelle Schächten streng vorgeschrieben. Dabei ist die Erlaubnis von Fleischgenuss eng mit dem Schutz des Menschenlebens verbunden. Der Text erinnert nicht nur an die Geschichte von Kain und Abel, sondern kommt auch auf die in der Schöpfungsgeschichte wichtige Gottebenbildlichkeit des Menschen zu sprechen. Auch der Kulturbefehl wird wiederholt. Der Neuanfang Gottes mit den Menschen geschieht also auf dem Hintergrund des menschlichen Versagens. Adam und Eva haben sich im Garten Eden nicht bewährt. Dieses Versagen setzt sich im Mord Kains an Abel fort. Trotz der menschlichen Fehler traut Gott dem Menschen ein anständiges Leben zu. Gott vertraut den Menschen – freilich erinnert er trotzdem an die in der Schöpfung gesetzten Regeln und Verhältnisse.
Ein wichtiges Element dieses Vertrauens ist in der Gottebenbildlichkeit des Menschen ausgesprochen. Diese bezeichnet zunächst die besondere Nähe des Menschen zum Schöpfer. Diese wird aber in der Verantwortung für die Schöpfung konkret. Traditionell hat man das gerne die Sonderstellung des Menschen genannt. Das ist verräterisch. Denn die Sonderstellung äußert sich in der Verantwortung des Men-

schen für die Harmonie der Schöpfung. Herrschaft ist Verantwortung und Fürsorge, nicht Herrlichkeit und Machtfülle.
Die Menschen sind also ein Teil der Schöpfung und können sich nicht vom Rest der Schöpfung distanzieren. Das Schicksal der Schöpfung ist auch das Schicksal der Menschheit. Lateinisch bedeutet Übergabe *traditio*, Tradition kommt davon. Aber wer die Übergabe eigensüchtig und rücksichtslos gestaltet, der ist ein Verräter; das lateinische Wort dafür heißt *traditor*. Der Verlust an Artenvielfalt, die aktuelle Klimakrise, der gnadenlose menschliche Energiehunger sind in diesem Sinne ein Verrat an der Schöpfung und das Versagen der sogenannten Herrscher. Diese Folgen schlagen längst auf ihren Verursacher zurück und bestätigen damit das biblische Hirtenbild. Es gibt keine Menschen ohne die Erde, aber es gibt eine Erde ohne Menschen.
Der Leitsatz der Erntedankaktion zielt vor allem anderen auf ein verantwortliches Handeln. Es geht um ein Gleichgewicht von Fürsorge und Nutzen, von Übergabe und Verantwortung. Wo dieses Gleichgewicht nicht gewahrt wird, da verrät der Mensch seine Stellung als Sachwalter Gottes in der Welt. Die Noah-Geschichte führt darum das Moment von Besinnung und Einkehr ein. Das gilt sowohl für Noah und die letzten Menschen in der Arche, aber auch für Gott. Die Menschen bekehren sich zu ihrer Verantwortung, Gott bekehrt sich zu seiner Fürsorge und Verheißung: *„Das ist das Zeichen des Bundes zwischen mir und euch und den lebendigen Wesen bei euch für alle kommenden Generationen: Meinen Bogen setze ich in die Wolken, er soll das Bundeszeichen sein zwischen mir und der Erde.“* (Gen 9,12f.) Dieser Bund ist zwischen Gott, den Menschen und allen lebendigen Wesen geschlossen. In dem Augenblick, in dem Gott den Menschen den Genuss von Fleisch erlaubt, bezieht er zugleich alle Geschöpfe in den Bund zwischen Himmel und Erde ein. Die Verheißung Gottes für seine Welt bezieht alles Lebendige mit ein! Der Regenbogen ist in diesem Bild ein niedergelegter Kriegsbogen – die Artilleriewaffe zur Zeit der Abfassung des Textes. Und er verbindet Himmel und Erde, nicht Gott und die Menschen – er umfasst in seiner Verheißung alles Leben. Umkehr und Neuanfang ist in dieser Geschichte nicht nur dem Menschen aufgetragen; vor allen anderen

vollzieht Gott seine Umkehr zum Leben und lädt damit zur steten Umkehr zur Schöpfung und ihrer Ordnung ein.

2. Der Mensch und die Menschen

Die Deutung der biblischen Texte leidet im Blick auf den Menschen unter einem eigenen Problem: In den biblischen Schöpfungsgeschichten wird an einzelnen Menschen durchbuchstabiert, was letztlich für alle Menschen gilt. Wenn hier von dem Menschen die Rede ist, dann sind immer die Menschen gemeint. Menschen gibt es nicht als Einzelne, sondern immer nur in einer Vielzahl. Die Sorge für die Zukunft der Schöpfung ist also nicht einfach eine menschliche, sondern auch eine gesellschaftliche Aufgabe. Nicht umsonst spricht Gott in den biblischen Texten den Menschen immer im Plural an: *„Hiermit übergebe ich Euch …“* Die Verantwortung für die Schöpfung ist also eine Gemeinschaftsaufgabe und damit eine Frage der Gerechtigkeit. Es geht um eine gerechte Verteilung von Rechten und Genuss, aber auch von Lasten und Pflichten. Also geht es auch um Verstehen und Einsicht einerseits, aber auch um Vorschriften und Regeln andererseits.
Was aber ist Gerechtigkeit in der Schöpfungsverantwortung? Die klassische Formel für Gerechtigkeit lautet *„suum cuique“* – *„jedem das Seine“*. Aber wer definiert die Bedürfnisse? Und es gibt nicht nur die Bedürfnisse der Menschen, sondern auch die aller anderen Geschöpfe. Wenn aktuell die Artenvielfalt dramatisch schwindet, dann weil die Bedürfnisse vieler Arten nicht geachtet werden. Das Drama ist offensichtlich: Weil die Menschen von der Erde mehr nehmen, als diese geben kann, geht der Erde langsam die Puste aus. Den völlig überzogenen Bedürfnissen der Menschen wird alles geopfert. Was ist der Grund dafür? Es werden nicht alle Bedürfnisse gleich gewertet. Das trennt nicht nur zwischen den Menschen und den anderen Geschöpfen, das führt auch zu einer massiven Friedlosigkeit unter den Menschen. Genau genommen kann man nur die Schöpfungsgüter verteilen, die zur Verfügung stehen. Aber es werden hohe Bedürfnisse

(insbesondere in der sogenannten entwickelten nördlichen Hemisphäre) formuliert und befriedigt. Damit bleiben viele Menschen im globalen Süden unterversorgt. Außerdem tragen sie deutlich höhere Lasten in der ökologischen Krise als die reichen Länder der Welt. Die Ungerechtigkeit trennt nicht nur die Menschen vom Rest der Schöpfung, sie entzweit die Menschen auch untereinander.

Man könnte die Erde mit einem Kühlschrank vergleichen, den die Schöpfung mit ihren Gaben immer wieder füllt. Weil einige Menschen viel zu viel wollen, reicht ihnen der Kühlschrank nicht aus. Sie plündern die Schöpfung und merken nicht, dass der Kühlschrank sich immer langsamer füllt. Die anderen Geschöpfe leiden unter dieser Überbeanspruchung und verschwinden immer rascher vom Angesicht der Erde. Nicht nur die Menge, auch die Vielfalt im Kühlschrank schwindet immer rascher. Außerdem gibt es eine Gruppe von Menschen mit bevorzugtem Zugang zum Kühlschrank. Weil sie sich vor allen anderen bedienen, merken sie zunächst noch nicht, dass Fülle und Vielfalt schwinden. Das aber wirkt sich auf die aus, die später zum Kühlschrank kommen und von den kärglichen Resten oft nicht mehr satt werden. Die Überforderung der Schöpfung und die Ungerechtigkeit um Umgang mit der Schöpfung und unter den Menschen sind nur verschiedene Aspekte derselben Sache.

Anders gesagt: Der Hunger auf der Welt ist keine Frage der aus der Schöpfung gewonnenen Güter. Er entsteht durch eine ungerechte Verteilung. Und der Grund dafür ist die Gier eines Teils der Menschheit oder zumindest überzogene Bedürfnisse, die die Ansprüche vieler anderer nicht mehr oder nur ungenügend berücksichtigen. Die Situation ist dramatisch.

Nun bedeutet Gerechtigkeit, jedem das Seine zu geben, nicht jedem das Gleiche! Darum hat die klassische Gesellschaftslehre den Gedanken der Solidarität eingeführt. Er geht auf eine sehr kleine militärische Einheit der römischen Armee zurück. Die Gruppe trug auf wenige Köpfe verteilt die für den Alltag notwendigen Gegenstände wie Kochtopf, Zeltgestell oder Zeltplane, die gemeinsam genutzt wurden. Man begann den Tag gemeinsam und schlief in einem Zelt;

Solidarität bedeutete also nicht nur Verbundenheit, sondern geteilte Alltagslasten. Jeder trug seinen Teil zum Gelingen des Alltags bei. Der den Kochtopf getragen hat, war nicht weniger und nicht mehr wert wie der, der das Zeltgestell im Gepäck hatte. Aber wenn einer fehlte, dann haben alle darunter gelitten. Die Erfahrung der Ungerechtigkeit in der Schöpfung ist wohl nicht durch Gleichheit zu beseitigen, sondern nur durch Schöpfungssolidarität. Alle Interessen an der Schöpfung mögen berechtigt sein, aber nicht alle Ansprüche können befriedigt werden. Darum müssen die Bedürfnisse derer anerkannt werden, die aktuell zu kurz kommen. Überzogene Bedürfnisse zerstören die Schöpfung, also müssen sie zurückgefahren werden. Das gilt nicht nur unter Menschen, sondern auch gegenüber unseren nicht menschlichen Geschöpfen.

Vielleicht könnte man hier an die berühmte Option für die Armen erinnern. Die südamerikanische Theologie hat diese Idee entwickelt. Sie zielt damit auf eine Bevorzugung all derer, die aktuell zu kurz kommen. Formuliert für Menschen, könnte man die Option für die Armen auch auf die anderen Geschöpfe übertragen: Die von der Ausrottung bedrohten Arten, die vom Klimawandel bedrohte Schöpfung brauchen mehr Anerkennung, mehr Rücksicht und mehr Zuwendung. Nur so können sie leben und überleben. Dass das letztlich auch im Interesse aller Menschen ist, versteht sich von selbst.

Man kann diese Frage nicht nur von der Gerechtigkeit oder der Solidarität her denken, sondern auch vom Frieden her. Die aktuelle Situation der Schöpfung ist vom Unfrieden geprägt. Papst Paul VI. hat in seinem Nachdenken über den Frieden neue Wege gewagt. Eine seiner Enzykliken trägt daher den Namen *„populorum progressio“*, zu Deutsch über den Fortschritt der Völker. In jedem Krieg geht es letztlich um Ressourcen und um Macht. Also werden in Kriegen Verteilungsfragen mit Waffen gelöst, und damit bleibt die Gerechtigkeit notwendig auf der Strecke. Gerechtigkeit kann also nur dort wachsen, wo Frieden herrscht. Paul VI. zieht aus dieser Beobachtung eine interessante Folgerung: Entwicklung ist ein anderes und ein neues Wort für Frieden. Verteilungsfragen dürfen nicht länger mit Waffen ausgehandelt werden, sondern müssen

sich an der Entwicklung der Völker orientieren. Nur wenn die armen Völker sich entwickeln können, kommt die ganze Menschheit voran. Wir können diesen Gedanken auf die Schöpfung übertragen: Nur dann wird in der Schöpfung Frieden herrschen, wenn die Bedürfnisse aller Geschöpfe gesehen und berücksichtigt werden.
Biblisch steht hinter diesen Überlegungen der Regenbogen des Noah. Er verbindet alle Menschen und lebendigen Wesen mit Gott. Keiner darf fehlen – sonst bleiben Gerechtigkeit, Solidarität und Frieden auf der Strecke. Denn Gottes Verheißung umspannt die ganze Schöpfung und damit alle Geschöpfe.

3. Zwischen Staunen und Verantwortung

Erntedank ist ein Fest der Fülle. Das Fest lädt zur Freude an den Gütern der Schöpfung und damit an der Güte Gottes ein. Darum sind die Altäre so bunt und vielfältig gestaltet. Aber wie würden regionale Erntedankaltäre aussehen: Wie etwa sieht ein Erntedankaltar in der Sahelzone oder einem indischen Dorf aus? Und wie viel von diesen Gütern liegt auf einem Altar der reichen Industrieländer? Wieviel auf einem Altar des globalen Südens? Mit solchen Bildern im Kopf tritt neben die Großzügigkeit Gottes die Kleinlichkeit der Menschen. Kann man für die Fülle der Gaben danken, ohne den Mangel der anderen Menschen und die Not der nicht menschlichen Geschöpfe mitzudenken?
Der Dank für die Ernte und die Verantwortung für die Schöpfung sind zwei Seiten derselben Medaille. Aber lassen wir uns gerne moralische Vorwürfe oder sogar Vorschriften machen? Auf keinen Fall. Aber Bilder machen nachdenklich! Unsere Erntedankaltäre und die der anderen? Seit dem Zweiten Vatikanischen Konzil versucht die Kirche weniger mit Regeln zu arbeiten und stattdessen auf Einsichten hinzuwirken. Denn nur ein Handeln, das auf Einsicht beruht, führt in die Zukunft.
Genau deswegen ist das Staunen über die Güter der Schöpfung so wichtig. Im Staunen liegt eine ungeheure Kraft. Aus dem Staunen erwächst Kraft, die Kraft zur Veränderung: Im Frühjahr war noch nichts von diesen Gaben zu sehen: *„Das Land lasse junges Grün wachsen, alle*

Arten von Pflanzen, die Samen tragen, und von Bäumen, die auf der Erde Früchte bringen mit ihrem Samen darin. So geschah es.“ (Gen 1,11) Was der Schöpfungsbericht mit wenigen Worten formuliert, beschreibt das Wunder der Schöpfung. Erst ist nichts da und dann wächst etwas heran, das dem Leben zur Nahrung dient. Wo nichts war, ist etwas entstanden. Das gilt für jede Frucht, für jedes Tier, für jeden Menschen. Auch mein eigener Anfang ist mir entzogen. Es gibt mich, weil andere mich gewollt haben. Die Vielfalt der Erntegaben rührt auch an das Wunder meiner eigenen Existenz.

Staunen kann man aber auch über eine Kiste Äpfel. Und dann sind neue Entdeckungen möglich: Es ist unendlich mehr einen Apfel zu genießen, als eine ganze Kiste davon zu besitzen. Und es schafft etwas Neues, wenn Menschen gemeinsam essen. Diese Gaben sind nicht einfach Besitz, sondern Gabe Gottes an die Menschen, die davon leben sollen. Die Vielfalt der Gaben spiegelt auch die Vielfalt der Empfänger. Gott schenkt in der Schöpfung nie einem Einzelnen, sondern immer allen Menschen und letztlich sogar allen Geschöpfen. Denn von den Früchten der Erde leben auch unsere mitmenschlichen Geschöpfe; diese verlieren wir nur zu leicht aus den Augen, dabei schließt sie der Kulturbefehl der Schöpfung ausdrücklich ein. Der Verlust an Artenvielfalt zeigt, wie gründlich wir Menschen die nicht menschlichen Geschöpfe inzwischen aus den Augen verloren haben. Hier kippt die Betrachtung des Erntedankaltars in eine neue Dimension: Wir Menschen teilen den Planeten und seine Güter mit allen anderen Geschöpfen. Das dürfen wir nie vergessen. Denn wenn wir die anderen Geschöpfe aus den Augen verlieren, wird das nicht ohne Folgen für uns Menschen bleiben. Fülle und Vielfalt sind Grund zum Staunen – und sie bergen eine Gefahr in sich. Wir Menschen können uns in dieser Fülle und Vielfalt geradezu verlieren. Jesus formuliert dafür das Gleichnis vom reichen Kornbauern: *„Dann kann ich zu mir selber sagen: Nun hast du einen großen Vorrat, der für viele Jahre reicht. Ruh dich aus, iss und trink, und freu dich des Lebens! Da sprach Gott zu ihm: Du Narr! Noch in dieser Nacht wird man dein Leben von dir zurückfordern. Wem wird dann all das gehören, was du angehäuft hast?“*

(Lk 12,19f.) Da verliert sich ein Mensch – das Gleichnis ist keinesfalls auf Landwirte gemünzt – im eigenen Reichtum und vergisst alles andere und alle anderen. Die Drohung mit dem Tod ist nur zu deutlich. Sie bringt auch zum Ausdruck, dass ein solches Verhalten den Menschen seelisch und moralisch umbringt. Nur geteilte Gaben sind wirklich Gaben. Anders gesagt: Gott gibt einem, damit er es mit anderen und so mit allen teilt. Das Gleichnis schließt mit einer Warnung: *„So geht es jedem, der nur für sich selbst Schätze sammelt, aber vor Gott nicht reich ist.“* (Lk 12,21)
Das Staunen über Fülle und Vielfalt nimmt also auch in die Pflicht. In der Bergpredigt führt Jesus Almosen, Gebet und Fasten zu einer Einheit zusammen. Sie finden sich im Zusammenklang mit dem Vaterunser (Mt 6,1–18). Im Fasten richtet sich die Aufmerksamkeit des Menschen auf die eigenen Bedürfnisse: Es ist wie eine Prüfung, was wirklich wichtig und notwendig ist. Denn das Überflüssige – das zeigt schon das Bild – ist das, was das Glas nicht fassen kann und darum verloren geht. Jedes Zuviel wirkt zerstörerisch. Darum gehört zum Fasten das Almosen; das Wort Almosen selbst kommt aus dem griechischen „eleomosyne“ und bedeutet ursprünglich Barmherzigkeit. Wer barmherzig ist, der hat ein Herz für die Bedürfnisse anderer. An den Grenzen meiner eigenen Bedürfnisse beginnen die der anderen Menschen und Geschöpfe. Almosen gibt man aber nicht aus dem Überfluss; die heutige Weltsituation verlangt die Anerkennung aller Bedürfnisse. Jeder muss das bekommen, was er braucht; aber häufig bekommen viele nur das, was andere übrig lassen. Das darf man aber nicht Almosen nennen, weil es einfach Ungerechtigkeit bedeutet. Beides mündet ins Gebet (nicht nur des Vaterunser). Auch im Gebet bestaunen die Betenden das Wunder der Schöpfung, bestaunen die Güte Gottes und bitten um die Kraft, gerecht mit den Gütern der Welt umzugehen. Wenn wir etwa um das „tägliche Brot“ bitten, dann bitten wir um genau das, was wir wirklich brauchen – nicht mehr und nicht weniger. Und die Bitte um Vergebung binden wir an die eigene Bereitschaft zur Vergebung: *„Vergib uns unsere Schuld, wie auch wir vergeben unseren Schuldigern.“* – Fortgeführt

könnte man auch sagen: „Unser tägliches Brot gibt uns heute, wie wir auch anderen das tägliche Brot geben und gönnen."

In seiner Schöpfungsenzyklika hat Papst Franziskus dieses Staunen zum Ausgangspunkt seiner Überlegungen gemacht. Gegen Ende des Textes lädt er zu einer ökologischen Umkehr ein; als deren Früchte benennt er den Frieden und die Freude: *„Ein rechtes Verständnis der Spiritualität besteht zum Teil darin, unseren Begriff vom Frieden zu erweitern, der viel mehr ist als das Nichtvorhandensein von Krieg. Der innere Friede der Menschen hat viel zu tun mit der Pflege der Ökologie und mit dem Gemeinwohl, denn wenn er authentisch gelebt wird, spiegelt er sich in einem ausgeglichenen Lebensstil wider, verbunden mit einer Fähigkeit zum Staunen, die zur Vertiefung des Lebens führt. Die Natur ist voll von Worten der Liebe. Doch wie können wir sie hören mitten im ständigen Lärm, in der fortdauernden und begierigen Zerstreuung oder im Kult der äußeren Erscheinung? Viele Menschen spüren eine tiefe Unausgeglichenheit, die sie dazu bewegt, alles in Höchstgeschwindigkeit zu erledigen, um sich beschäftigt zu fühlen, in einer ständigen Hast, die sie wiederum dazu führt, alles um sich herum zu überfahren. Das wirkt sich aus auf die Art, die Umwelt zu behandeln. Eine ganzheitliche Ökologie beinhaltet auch, sich etwas Zeit zu nehmen, um den ruhigen Einklang mit der Schöpfung wiederzugewinnen, um über unseren Lebensstil und unsere Ideale nachzudenken, um den Schöpfer zu betrachten, der unter uns und in unserer Umgebung lebt und dessen Gegenwart nicht hergestellt, sondern entdeckt, enthüllt werden muss."* (laudato si 225)

Schrifttexte

Gen 1,26–31 – Erschaffung des Menschen und Kulturauftrag

Die Schöpfungsgeschichte der Bibel stellt die Erschaffung des Menschen an ihr Ende. Sie betont damit die besondere Stellung des Menschen und seine ungeheure Verantwortung für die Erde. Der Mensch ist Teil der Schöpfung und kann sich nicht über sie als einsamer

Herrscher erheben. Nur wenn er ihr Teil und damit ihr Hirte bleibt, erfüllt er den Auftrag Gottes.

Passende Aktion:
Symbolgaben werden nach vorne gebracht und vor dem Altar aufgebaut: ein Krug mit Wasser, eine Schale mit Erde, ein Topf mit einem grünen Setzling. Zu jeder Bitte wird eine Kerze angezündet; die Kerzen werden im Halbkreis um Krug, Schale und Topf aufgestellt.

Gen 9,1–17 – Gottes Bund mit Noah

Die Noahgeschichte beginnt zwar mit dem Zorn Gottes über den Menschen, aber sie endet mit einem neuen Bund. Gott bekehrt sich zu seiner Verheißung an die Menschen und erneuert seine Treue zur Schöpfung. Das Zeichen dieser Erneuerung ist der Regenbogen, geboren aus Sonne und Licht, der Himmel und Erde, Gott und die Menschen verbindet.

Mt 5,43–48 – Feindesliebe in der Bergpredigt

Jesus knüpft hier an die Bilder der Verheißung in der Noahgeschichte an. Feindesliebe ist nicht einfach eine Steigerung der Liebe. Weil die Menschen ihrer Rolle in der Welt nicht gerecht werden, müssen sie wieder lernen, als Geschwister in der Schöpfung und als Kinder Gottes zu leben. Alle sind gleich vor Gott und sollten das auch einander erweisen. Die Verheißung der Schöpfung gilt allen Menschen und kann alle Menschen verändern.

Lk 12,13–21 – Reichtum und falsche Selbstsicherheit

Das Gleichnis vom reichen Kornbauern zielt nicht auf Landwirte, sondern auf falsche Selbstsicherheit. Eine volle Scheune kann vor keinem Widerfahrnis bewahren. Der Reichtum vor Gott entsteht nur im Miteinander der Menschen und der gesamten Schöpfung. Denn die Verheißung Gottes zielt nicht auf den Reichtum von Einzelnen und Gruppen, sondern auf ein gerechtes Miteinander in der Schöpfung.

Mt 6,1–18 – Vom Umgang mit der Welt

Die Texte sind traditionell auf das Fasten hingedeutet worden. Im Fasten suchen Menschen wieder ein gutes Verhältnis zu den eigenen Bedürfnissen und zu den Bedürfnissen der anderen. Beides gründet in der Beziehung zu Gott. Die Fastengebote lassen sich aber auch von der Verheißung Gottes her lesen. Dann erwachsen sie aus dem Bemühen, die Verheißung Gottes neu anzunehmen und im Leben umzusetzen. Im Fasten wohnt die Verheißung, wieder zufrieden und damit im Frieden mit der ganzen Schöpfung leben zu können.

Die Geschichte des Kolibris

Eines Tages brach im Wald ein großes Feuer aus, das drohte alles zu vernichten. Die Tiere des Waldes rannten hinaus und starrten wie gelähmt auf die brennenden Bäume. Nur ein kleiner Kolibri sagte sich: „Ich muss etwas gegen das Feuer unternehmen." Er flog zum nächsten Fluss, nahm einen Tropfen Wasser in seinen Schnabel und ließ den Tropfen über dem Feuer fallen. Dann flog er zurück, nahm den nächsten Tropfen und so fort. Die anderen Tiere, viel größer als er, wie der Elefant mit seinem langen Rüssel, hätten viel mehr Wasser tragen können, aber all diese Tiere standen hilflos vor der Feuerwand. Und sie sagten zum Kolibri: „Was denkst du eigentlich? Was kannst du schon tun? Du bist viel zu klein. Das Feuer ist zu groß. Deine Flügel sind zu klein und dein Schnabel ist so schmal, dass du nur immer einen Tropfen Wasser mitnehmen kannst." Aber als sie weiter versuchten, ihn zu entmutigten, drehte er sich um und erklärte ihnen, ohne Zeit zu verlieren: „Ich tue das, was ich kann. Ich tue mein Bestes."
aus Afrika

Tagesgebet

Gott, Schöpfer der Welt und aller Dinge, Freund des Lebens und der Menschen, du belebst und beseelst alles, was ist. Dein Name werde geheiligt durch alles, was lebt. Dein Reich verwirklicht sich in allem, was geschieht. Dein Wille werde spürbar in unserem Handeln. Tägliches Brot von unserer Mutter Erde schenke allen Menschen. Vergib uns unser Versagen, achtsam mit deiner Schöpfung umzugehen. Hilf uns, dass es uns möglich ist, unseren Lebensstil zu verändern und umzukehren. Steh uns zur Seite in der Versuchung der Maßlosigkeit. Denn dein ist die Zukunft, alle Energie und Vollkommenheit, heute und bis sich unser Leben vollendet in dir. Amen.

Fürbitten

Gott hat den Himmel und die Erde geschaffen, die Ozeane und das feste Land, Pflanzen, Tiere, Menschen und die Vielfalt der Mikroorganismen. Er ist der Urgrund des Lebens. Ihm vertrauen wir unsere Sorgen und Bitten an:

Wir beten für uns und alle, die Verantwortung tragen für unsere Welt, dass wir die Wunder der Schöpfung wahrnehmen und mit Klugheit und Tatkraft dem Leben dienen.

Wir beten für die Pflanzen, besonders für die Feldfrüchte, dass sie in ihrer Vielfalt Schätze unseres Lebens sind und bleiben.

Wir beten dafür, dass Pflanzen nicht gentechnisch manipuliert werden und nur noch als standardisierte Massenware zu bekommen sind.

Wir beten für die Nutztiere, dass sie artgerecht und eines Mitgeschöpfes würdig versorgt und nicht ausgebeutet werden.

Wir beten für die Wildtiere, dass ihre Lebensräume erhalten bleiben.

Wir beten für alle Lebensformen, die vor dem Aussterben stehen, dass sich immer mehr Menschen finden, die für ihre Erhaltung eintreten.

Gott, du Schöpfer aller Lebewesen, du hast uns alles gegeben, was wir zum Leben brauchen. Du hast die Erde, unser gemeinsames Haus, und den Garten, den du gepflanzt hast, dem Menschen anvertraut, damit er sie bebaue und behüte. Dein Schöpfergeist wirkt in der Welt. Schenke uns Kraft zum Handeln durch Jesus, unseren Bruder und Herrn. Amen.

Meditation: Naturrechte

Gut sein,
Gerecht sein,
das Rechte tun
jedem sein Recht geben.

Rechte erkennen,
Rechte anerkennen,
Menschenrechte, Tierrechte,
Pflanzenrechte, Erdrechte,
Wasserrechte, Luftrechte.

Naturrechte
Der Natur ihr Recht geben.
Sanft, liebevoll, behutsam.
Sie freundlich um ihre Gaben bitten,
nicht hochmütig abtrotzen
und dann den erzwungenen Überfluss
aus Gewinnsucht,
aus politischem Kalkül

vernichten, verbrennen,
auf riesigen Halden verrotten lassen.

Der Natur ihr Recht zurückgeben.
Aufhören, zu unserem Vorteil
millionenfaches Leid und Elend
anderer Kreaturen herbeizuführen,
schweigend zu dulden.

Der Natur ihr Recht erhalten.
Sie nicht mit immer perfekteren Mitteln
gigantisch ausbeuten,
flächendeckend zerstören,
lückenlos ausrotten, sie nicht
mit immer gewagteren Technologien
ihrem Untergang entgegentreiben.

Jedem sein Recht!
für alle das gleiche Recht:
Der Mensch,
nicht Krone der Schöpfung,
sondern nur einer von vielen
gleich kostbaren Edelsteinen
in der Krone der Schöpfung.

Meditation: Ich bin dagegen

Ich bin dagegen, dass die Gletscher schmelzen.
Ich bin dagegen, dass die Wüsten sich ausbreiten.
Ich bin dagegen, dass die Wälder abgeholzt werden.
Ich bin dagegen, dass so viel CO_2 freigesetzt wird.

Ich bin dagegen, seltener zu fliegen.
Ich bin dagegen, dass mein Strom teurer wird.
Ich bin dagegen, langsamer zu fahren.
Ich bin dagegen, dass mein Land sich einschränkt bevor andere es tun.
Ich bin dagegen, dass die Skigebiete schrumpfen.
Ich bin dagegen, dass Urlaubsregionen überschwemmt werden.
Ich bin dagegen, dass die Temperaturen steigen.
Ich bin dagegen, dass Insekten sich ausbreiten.
Ich bin dagegen, kürzer zu duschen.
Ich bin dagegen, das Licht auszumachen.
Ich bin dagegen, mein Einkaufsverhalten umzustellen.
Ich bin dagegen, dass unsere Wirtschaftsregeln geändert werden.
Ich bin dagegen, dass mein Land häufiger von Stürmen betroffen ist.
Ich bin dagegen, dass in meiner Stadt die Hitzeperioden zunehmen.
Ich bin dagegen, dass mein Garten verdorrt.
Ich bin dagegen, dass meine Gesundheit leidet.
Ich bin dagegen, dass ich dagegen bin.
Wofür bin ich?
dkb, Mai 2007
http://www.die-klimaschutz-baustelle.de/klimagedichte.html

Segen mit Weihwasser

Alle erhalten ein Kreuzzeichen mit Weihwasser auf die Stirn oder in die Hand.

Segensgebet im Anschluss:

Das Weihwasser soll mich an meine Taufe erinnern. Bei der Taufe habe ich das Wasser des Lebens kennengelernt.

Der Segen vom Wasser des Lebens möge uns erfrischen und Kraft spenden.
Er möge uns begleiten und schützen.

Begleite uns, Gott, zur Quelle des Lebens,
damit wir dort all das finden, was uns Kraft und Hoffnung gibt.

Begleite uns, Jesus, zum Brunnen mit lebendigem Wasser,
damit wir unseren Durst nach Liebe stillen können.

Schenke uns, Gott, das Wasser des Lebens,
und stille unseren Durst nach Gerechtigkeit.

Segne uns, Gott, du Schöpfer des Lebens,
damit auch wir Schöpferinnen und Schöpfer werden,
damit wir Gutes tun für unsere Welt und für alles, was darin lebt.

Brot-Zeit – Vom Brot, das mehr als ein Nahrungsmittel ist

Hinführung zum Thema – Predigtanregungen

1. Brot-Zeit

Jesus hat ganz offensichtlich großen Wert auf die Mahlgemeinschaft mit seinen Freunden und Jüngern gelegt. Dieser Akzent zeigt sich nicht zuletzt in den Vorwürfen seiner Gegner, die ihn wiederholt als Fresser und Weinsäufer bezeichnen. Gerade weil dieser Vorwurf in den Evangelien nicht verschwiegen wird, zeigt, wie wichtig dieser Gemeinschaftsaspekt in Jesu irdischen Auftreten war.
Dabei kann er sich durchaus auf die jüdische Tischliturgie beziehen. Denn zu den tragenden Rollen des Hausherrn gehört im jüdischen Leben, dass er im Mahl mit seinen Gästen den Tischsegen spricht und für diese das Brot bricht. Der Hausherr dankt im Tischsegen Gott als dem Herrn des Lebens und dem Spender aller Gaben. Für die Texte des Alten Testaments ist durchgängig klar, dass Gott das Leben schenkt und nährt; selbst überall dort, wo die Menschen ihre landwirtschaftliche Arbeit leisten und damit in der Herstellung von Lebensmitteln mit Gott zusammenwirken, spricht die Schrift von Gott als der einzigen Quelle des Lebens. Und Brot wird deshalb gebrochen, weil die Schrift im Brot das Symbol für jegliche Nahrung des Menschen sieht. Brot steht für Nahrung und damit zugleich für alles, was der Mensch in seinem irdischen Leben braucht. Diese Bedeutung des Wortes schlägt sich zuletzt in der Bitte des Vaterunsers um das tägliche Brot nieder.
Die Mahlgemeinschaft Jesu akzentuiert neben dieser liturgischen Tradition weitere Akzente, die auch die Texte des Alten Testamentes schon kennen. Wer miteinander Mahl hält, der teilt nicht nur das Essen, sondern auch alles, was das Leben bestimmt. Mahlhalten ist Aufbau und

Pflege von Miteinander und Gemeinschaft. Beim Essen teilen Menschen ihr Leben und ihre Sorgen, ihre Freuden und ihr Glück. Diese Gemeinschaft darf selbst einem Gefangenen nicht vorenthalten werden, der Anspruch hat auf das tägliche Brot und nicht Hunger leiden darf. Bei diesem Gemeinschaftsereignis kann dann auch das „Tränenbrot“ der Sorgen geteilt werden. Eine solche Schilderung muss aber auch betonen, dass das himmlische Hochzeitsmahl ein zentraler Aspekt der Verkündigung Jesu war. Im irdischen Mahl hat Jesus damit auch eine Brücke zwischen seiner Verkündigung und dem gelebten, alltäglichen Leben geschlagen.

Einen besonderen Akzent verleihen die Brotwunder der Mahlgemeinschaft. Sie werden unter verschiedenen Vorzeichen in den Evangelien geschildert. Hier überschreitet Jesus auch die Grenzen seines Landes und bezieht Menschen in seine Mahlgemeinschaft ein, die die traditionelle jüdische Tischliturgie ausgeschlossen hätte. Und im Dialog mit der syrophönizischen Frau ist er sogar bereit, seine Position unmittelbar zu verändern: Als sie nach Brot verlangt, weist er sie zunächst schroff zurück, weil sie nicht zu den Kindern Israels gehört; auf ihre massive Einrede aber – sie identifiziert sich mit den Hunden, die unterm Tisch von den Resten der Mahlzeit leben – gibt er seine Zurückhaltung auf und bezieht sie unmittelbar in die Tischgemeinschaft ein. Sowohl das Brotwunder im heidnischen Gebiet wie die Einrede der Syrophönizierin sind Hinweise darauf, dass Jesus seine Sendung zum eigenen Volk zunehmend neu interpretiert und auch die sogenannten Heiden zu den Adressaten seiner Botschaft macht.

Diese alltägliche Mahlgemeinschaft macht er auch zur Grundlage seines Abschiedsmahles. Jesus ist sich der Tatsache bewusst, dass er immer mehr ins Fadenkreuz seiner Gegner gerät. Und so nutzt er die Situation eines Mahles, um nicht nur den Abschied von seinen Jüngern zu gestalten, sondern auch den Ereignissen um seine Verhaftung und Tod eine eigene Deutung zu geben. Gerade in der Situation des Abschieds gestaltet er ein feinsinniges Mahl: Das traditionelle Brotbrechen deutet er auf das Zerbrechen seines Lebens und versteht den bevorstehenden Tod als Hingabe für die Seinen. Jesus zeigt sich

im Abschiedsmahl bereit, sein Leben für die Botschaft und damit auch für die Seinen hinzugeben. So ist er in den Ereignissen des Karfreitags vordergründig einer, der verhaftet, verurteilt und hingerichtet wird – zugleich bleibt er derjenige, der allen diesen Handlungen einen Sinn gibt und so seinen Stempel aufdrückt. Mit dem Brotwort des Abendmahles verbindet sich in eigentümlicher Dialektik das Kelchwort. Jesus spricht davon, nicht mehr von der Frucht des Weinstocks zu trinken, bis er von Neuem davon trinken wird im Reich des Vaters. Damit stellt er neben die eigene Hingabebereitschaft seine Vollendungsgewissheit: So gewiss wie sein Tod ist seine Zuversicht, dass der Vater ihn und seine Botschaft bewahren wird.
Im biblischen Sinne ist Auferstehung daher nicht einfach die Überwindung des Todes, sondern zugleich die Bestätigung eines irdisch Gescheiterten. Der Vater im Himmel bestätigt den von den irdischen Gewalten Verworfenen als seinen Sohn und endzeitlichen Boten. Entsprechend setzt Jesus auch nachösterlich die Mahlgemeinschaft mit denen fort, die zu ihm gehören. Auch jetzt bleibt das Brotbrechen ein maßgebliches Zeichen, ja es wird zu dem Moment, an dem die Jünger den Auferstandenen als den Gekreuzigten und damit als den Ihren erkennen.
Mahlgemeinschaft zeigt sich damit als eine der großen Kontinuitäten im Leben Jesu. Genau deshalb halten die Christen von Anfang an am Brotbrechen fest. Damit ist für die biblische Zeit auch der Begriff gefunden, mit dem die Urgemeinde ihr Erinnerungsmahl an Jesus Christus bezeichnet. Alle anderen Begriffe sind spätere Entwicklungen und bezeichnen verschiedene Aspekte dieser Mahlfeier: Kommunion akzentuiert den Gemeinschaftsaspekt. (Mess-)Opfer konzentriert sich auf die Hingabebereitschaft Jesu. Eucharistie betont den Dank an den Vater für die Sendung des Sohnes. Und Abendmahl bindet die Situation des abendlichen Abschieds mit der des Mahles zusammen.
Keiner dieser Aspekte darf jedoch übersehen, dass die Mahlgemeinschaft Jesu in allen ihren Aspekten eine Brücke zwischen Reden und Tun, zwischen irdisch Erlebtem und himmlisch Verheißenem geschlagen hat. Die irdische Alltagsgemeinschaft war für Jesus auch ein

Ausdruck für das, was den Glaubenden zugesagt ist. Jede erfahrene Gemeinschaft lässt auch etwas von der verheißenen Gemeinschaft erahnen, irdische Geborgenheit ist die Ansage himmlischer Geborgenheit. Die großen Abendmahlsstreitigkeiten des Mittelalters haben in ihrer Konzentration auf den „Leib des Herrn" diesen Aspekt dramatisch vernachlässigt. Ein Frauenfrühstück oder ein Männervesper in unseren Tagen dürfen für sich die Lebenspraxis Jesu beanspruchen und das fortsetzen, was er im geteilten Leben den Seinen geben wollte.

2. Unser tägliches Brot gib uns heute

Wer das Vaterunser analytisch liest, der mag bei diesem Satz aufhorchen. Denn das Gebet des Herrn legt großen Wert auf die Heiligung Gottes, die Konzentration auf seinen Willen, auf Versöhnung und Vergebung zwischen Menschen oder auf die Freiheit von Versuchung und Gefahr. Das sind vorrangig spirituelle Aspekte, die sich auf das Seelenleben der Betenden beziehen. Und dann wahrlich mittendrin diese so irdische Bitte: „Unser tägliches Brot gib uns heute!" Auf den ersten Blick spricht das für die Bodenständigkeit Jesu, der das Gebet als Gebet für die Seinen formuliert hat. Er beantwortet mit dem Text die Bitte der Jünger, sie beten zu lehren. Es ist genau diese Bitte der Jünger, die dem Gebet seinen hohen Rang verliehen hat. Und so ist die Zahl derer, die dieses Gebet kommentiert haben, unübersehbar geworden. Sie haben das Gebet als Zusammenfassung aller Anliegen Jesu und als Konzentration aller menschlichen Themen verstanden.
Mitten in diesem zentralen Text steht die Bitte um das tägliche Brot. Damit ist vordergründig natürlich Nahrung gemeint, weil ohne Nahrung kein Geschöpf existieren kann. In einem weiteren Sinn geht es um alles, was Menschen für ihr Leben brauchen. Und Menschen brauchen immer wieder Miteinander, geteiltes Leben, konkret Gemeinschaft untereinander, wie sie sich zuallererst immer wieder in einer gemeinsamen Mahlzeit ausdrückt. Frohe Anlässe lassen Menschen ebenso miteinander essen wie der Abschied von einem Verstorbenen. Menschen, die zusammenarbeiten, essen bei verschiede-

nen Gelegenheiten auch zusammen – Betriebsfeiern oder Kantinen sind darum mehr als organisierte Mahlzeiten. Das tägliche Brot ist damit weit mehr als das, was der Wortsinn andeutet. Er zielt umfassend auf alle Bedürfnisse und Bedarfe des Menschen und versteht Gott als die Quelle allen Lebens.

Das Wort von der Quelle darf hier seine ganze Breite entfalten. Die biblischen Texte verstehen Gott auch dort als den Spender aller Gaben, wo Menschen durch ihre Arbeit aus den Früchten der Schöpfung etwas zubereitet oder entwickelt haben. Die traditionelle Theologie hat dafür die Unterscheidung zwischen erster und zweiter Schöpfung eingeführt: Während Gott alles ins Dasein ruft und im Dasein hält, greift der Mensch lediglich auf die Gaben Gottes zurück und gibt diesen eine andere Gestalt. Bei Gott geht es also immer um Sein oder Nicht-Sein, beim Menschen um die konkrete Gestalt. Und doch sind beide Tätigkeiten im Begriff der Schöpfung zusammengebunden: In allem, was der Mensch tut und gestaltet, greift er auf Gottes Vorgaben zurück und arbeitet in seinem Tun mit Gott zusammen. Die Partnerschaft mit Gott ist die Grundlage für die Würde des Menschen; Gott würdigt den Menschen als seinen Partner, ja als sein Kind.

Ein zweiter Aspekt der Quelle darf dabei nicht übersehen werden. Wenn alles von Gott ausgeht, dann kehrt auch alles zu Gott zurück. So wie das Wasser der Quelle entspringt und nach seinem Lauf durch diese Welt im Meer, im Grundwasser oder in den Wolken sein vorläufiges Ziel findet, so zielt das Leben mit allen seinen Aspekten auf Gott als den alles umfassenden Horizont der Schöpfung und des Menschen. Gerade der vermeintlich irdische Aspekt, den die Bitte des Vaterunsers hier formuliert, weitet den Blick auf Anfang, Mitte und Ziel des Lebens. Jesus hat diesen irdischen Aspekten des Lebens in seiner Verkündigung großen Raum eingeräumt. Nicht umsonst legt er hohen Wert auf gemeinsame Mahlzeiten, zeigt sich als fröhlicher Zecher und ist den irdischen Genüssen keinesfalls abgeneigt. Man darf dahinter seine Wertschätzung der Gemeinschaft, aber auch seinen Blick auf die existenziellen Ängste seiner Zeitgenossen erkennen. Wie mögen die Augen der Menschen geleuchtet haben, wenn er den Himmel als

festliches Mahl geschildert hat? Da haben nicht Menschen zugehört, von denen viele mit Diabetes oder Übergewicht zu kämpfen hatten ... da waren Menschen um ihn, die den Kampf um das tägliche Brot nur zu gut gekannt haben. Und ein erfolgloser Fischfang konnte ebenso rasch zum Problem werden wie ein trockener Sommer mit verdorrten Halmen und einer schlechten Ernte. Wir beten heute in einer Situation der Überversorgung anders um das tägliche Brot als die Zeitgenossen Jesu – und auch als Millionen Menschen im globalen Süden. Hier dürfen wir unseren Blick über die unmittelbare Bitte um das tägliche Brot hinaus weiten. „Vergib uns unsere Schuld, wie auch wir vergeben ..." Das heißt: Wir erwarten nur so viel Vergebung, wie wir selbst zu geben bereit sind. Sollten wir diese Bitte nicht auch auf die um das tägliche Brot ausweiten: „Unser tägliches Brot gib uns heute, wie auch wir anderen das tägliche Brot geben und gönnen." Das tägliche Brot zu haben, ist im Geist des Vaterunsers eine Verpflichtung. Sie zwingt zum Blick auf die, die nicht genügend zum Leben haben. Wir bitten nicht nur für uns, sondern für alle, die kein Brot haben. Und spätestens hier kommen alle großen Fragen um das Brot ins Spiel: Aufgrund des Ukrainekrieges kommt es in den Hungergebieten der Welt zu verschärften Bedingungen, weil Millionen Tonnen Getreide in den Kriegsgebieten festliegen. Noch immer werden in Europa und Nordamerika so viele Nahrungsmittel weggeschmissen, dass davon alle Hungernde der Welt ernährt werden können. Und die Klage über gestiegene Lebensmittelpreise übersieht noch immer, dass viele Menschen an der Herstellung von Nahrung beteiligt sind, ohne dafür einen angemessenen Lohn zu erhalten. Gerecht ist, wenn jeder zu essen hat; sozial gerecht ist, wenn jeder von seiner Arbeit leben kann.
Gerade dieser letzte Aspekt zeigt einmal mehr, dass Jesus den sorgenden Blick auf die eigene Person kennt. Er ist einfach notwendig, muss aber durch den Blick auf den anderen ausbalanciert werden. Denn kein eigener Bedarf darf die Sorgen und Notwendigkeiten des Nächsten übersehen. Genau deswegen hat Jesus Selbst- und Nächstenliebe aneinandergebunden. Sie bedingen sich wechselseitig und sind zugleich Ausdruck der erfahrenen Gottesliebe. Wo Menschen

füreinander einstehen und sorgen, also im konkreten Leben ihre Sorgen und ihren Alltag teilen, da dürfen sie das immer auch als Geschenk dessen verstehen, der sich in Liebe den Menschen zuwendet und ihnen das schenkt, was sie zum Leben brauchen. Manchmal freilich gibt er genau das auch einem anderen, damit er es uns schenken kann ... oder wir ihm!

Schriftworte

Ex 34,28

Mose blieb dort beim Herrn vierzig Tage und vierzig Nächte. Er aß kein Brot und trank kein Wasser. Er schrieb auf die Tafeln die Worte des Bundes, die zehn Worte.

Der kurze Vers nimmt Bezug auf die Formulierung der Zehn Gebote, die biblisch in der Regel zehn Worte oder Zehnwort genannt werden. Er betont, dass Moses auf dem Berg Sinai fastet, d. h. keine irdische Nahrung zu sich nimmt, weil größer als Nahrung die geistliche Nahrung ist, die aus dem Wort Gottes entspringt. Größer als Brot ist in dieser Logik nur das Wort Gottes selbst; anders gesagt: Das Brot als irdische Nahrung verweist über sich selbst hinaus auf Gott, der den Menschen und seine ganze Schöpfung in jeglicher Hinsicht nährt. In diesem Zusammenhang darf auch darauf hingewiesen werden, dass leibliches Fasten im Sinne der Schrift zu einer Konzentration des Menschen auf das Wesentliche seines Lebens beiträgt.

Dtn 8,3

Durch Hunger hat er dich gefügig gemacht und hat dich dann mit dem Manna gespeist, das du nicht kanntest und das auch deine Väter nicht kannten. Er wollte dich erkennen lassen, dass der Mensch nicht nur von Brot lebt, sondern dass der Mensch von allem lebt, was der Mund des Herrn spricht.

Auch in diesem Text verweist das Brot als Synonym für irdische Nahrung und damit für alle Gaben, die Gott durch die Schöpfung seinen Geschöpfen zuwendet, über sich selbst hinaus. Das Wort aus dem Mund Gottes ist damit kein Gegenbegriff zum Brot als Gabe der Schöpfung, vielmehr sind beide aufeinander verwiesen. Der Mensch lebt von den Gaben Gottes, in welcher Form diese ihm auch zugewendet werden. Die Tatsache, dass das Wort des Herrn von Gott ausgesprochen wird, darf an die Schöpfungsgeschichte erinnern, in der Gott durch die Macht seines Wortes der Schöpfung und seinen Geschöpfen Existenz und Leben verleiht. Alles verweist letztlich auf Gott als den Geber aller Gaben zurück. Oder: Alles verweist über sich selbst hinaus auf Gott als das Ziel seiner Schöpfung.

Koh 9,7

Also: Iss freudig dein Brot und trink vergnügt deinen Wein; denn das, was du tust, hat Gott längst festgelegt, wie es ihm gefiel.
Essen ist für die Schrift ein freudiges Ereignis, das weit über Nahrungsaufnahme hinausweist. Wer sein Brot, also die tägliche Nahrung, genießt, der genießt die Gaben, die Gott ihm schenkt. Der Wein als freudige Zugabe unterstreicht diesen Genuss darüber hinaus. Zugleich darf man in dieser Freude einen Hinweis auf geteilte Schöpfung und damit geteiltes Leben lesen. Wo Menschen Brot nicht nur essen, sondern miteinander teilen, da entsteht Gemeinschaft unter Menschen und mit Gott. An verschiedenen Stellen in der Schrift ist geteiltes Brot auch Ausdruck für einen Bundesschluss zwischen Gott und den Menschen.

Mt 4,4

Er aber antwortete: In der Schrift heißt es: Der Mensch lebt nicht vom Brot allein, sondern von jedem Wort, das aus dem Mund Gottes kommt.
Diese Aussage Jesu findet sich im Zusammenhang der Versuchung Jesu, die seinem öffentlichen Wirken unmittelbar vorausgeht. Der

Versucher fordert Jesus auf, aus Steinen Brot zu machen. Jesus antwortet mit dem Verweis auf das Wort Gottes als geistliche Speise, auf das das Brot als leibliche Speise verweist. Damit unterstreicht er zugleich den Zusammenhang von leiblicher und geistlicher Speise und die Rückverwiesenheit des Menschen auf Gott als seinen Ursprung und Ziel.
Die traditionelle Theologie versteht diese Rückverwiesenheit des Menschen auf Gott als „re-ligio“, lat. für Rückbindung. Diese Rückbindung, umgangssprachlich auch Religion, wird in dieser theologischen Tradition auch als Bundesschluss (lat. liga) interpretiert.

Mk 2,23–28

An einem Sabbat ging er durch die Kornfelder und unterwegs rissen seine Jünger Ähren ab. Da sagen die Pharisäer zu ihm: Sieh dir an, was sie tun! Das ist doch am Sabbat nicht erlaubt. Er antwortete: Habt ihr nie gelesen, was David getan hat, als er und seine Begleiter hungrig waren und nichts zu essen hatten, wie er zur Zeit des Hohenpriesters Abjatar in das Haus Gottes ging und die Schaubrote aß, die außer den Priestern niemand essen darf, und auch seinen Begleitern davon gab? Und Jesus sagte zu ihnen: Der Sabbat wurde für den Menschen gemacht, nicht der Mensch für den Sabbat. Deshalb ist der Menschensohn Herr auch über den Sabbat.
Die Ausgangssituation ist, dass die Jünger am Sabbat Ähren „ernten“ und damit formal gesehen das Gebot der Sabbatruhe verletzen. Sie sorgen also für ihre Nahrung und genießen ihr tägliches Brot. Auf die Einrede der Pharisäer antwortet Jesus nicht mit einer Diskussion der Sabbatregel, sondern mit einem historischen Verweis auf den großen König David. Dieser hatte sogar die Schaubrote im Tempel zu seiner Nahrung und der seiner Begleiter gemacht; am Ende steht die Machtübernahme durch David und der Anfang seines Königtums. Die Ausnahme des idealistisch überhöhten Königs David ist für ihn die Grundlage für eine radikale Neuinterpretation der Sabbatruhe. Diese Ruhe muss dem Menschen dienen und nicht der Mensch der Ruhe.

Die Nahrungsaufnahme der Jünger wird durch das Handeln des großen Königs gerade nicht infrage gestellt, sondern bestätigt. Die Sorge um das tägliche Brot ist so wichtig, dass sie auch von den Sabbatregeln nicht aufgehoben werden kann.

Lk 9,16f.

Jesus aber nahm die fünf Brote und die zwei Fische, blickte zum Himmel auf, sprach den Lobpreis und brach sie; dann gab er sie den Jüngern, damit sie diese an die Leute austeilten. Und alle aßen und wurden satt. Als man die übrig gebliebenen Brotstücke einsammelte, waren es zwölf Körbe voll.
Die Brotwunder werden vom Evangelisten im Rahmen eines jüdischen Mahles geschildert. Jesus tritt hier als Gastgeber auf, der den Tischsegen spricht und als Hausherr das Brot für seine Gäste spricht. Damit stellt er sich ganz in die Tradition jüdischer Hausliturgie.
Der Text macht aber auch deutlich, wie selbstverständlich für Jesus die Mahlgemeinschaft mit seinen Zeitgenossen, insbesondere mit seinem Jüngerkreis war. Diese Mahlgemeinschaft kulminiert in seiner sorgfältigen Gestaltung des Abschiedsmahles und wird im Mahl des Auferstandenen etwa mit den Emmausjüngern fortgesetzt. Brot brechen und Mahl halten sind wie eine rote Linie, die das Leben und Wirken Jesu durchzieht.
Von seinen Zeitgenossen wird Jesus dafür zu verschiedenen Gelegenheiten ein „Fresser und Weinsäufer“ genannt.

Joh 6,35

Jesus antwortete ihnen: Ich bin das Brot des Lebens; wer zu mir kommt, wird nie mehr hungern, und wer an mich glaubt, wird nie mehr Durst haben.
Im Johannesevangelium ist ein ganzes Kapitel der sogenannten Brotrede Jesu gewidmet. Wieder werden irdische und geistliche Nahrung aufeinander bezogen und als Grundlage menschlicher Zufriedenheit formuliert. Brot steht damit für alles, was Menschen für ihr Leben

brauchen – und dieser Bedarf wird auf die Person Jesu konzentriert. Als Bote Gottes repräsentiert er zugleich dessen schöpferische Großzügigkeit wie die väterliche Sorge um das Wohl der Menschen. Dabei spielt er mit der Doppeldeutigkeit der Begriffe Hunger und Durst, die an mehr erinnern als körperliche Bedürfnisse.
Hier darf nicht außer Acht bleiben, dass diese Konzentration für Jesus auch massiven Ärger hervorruft. Jüdische Zuhörer murren, auch seine Jünger begehren auf. Er erntet Kritik und Widerspruch.

Lk 22,19

Und er nahm Brot, sprach das Dankgebet, brach es und reichte es ihnen mit den Worten: Das ist mein Leib, der für euch hingegeben wird.
Auch das Abschiedsmahl Jesu folgt der Tradition jüdischer Tischliturgie. Als Gastgeber und Hausherr spricht er den Tischsegen und bricht das Brot. Aber er verändert die Liturgie auch dahingehend, dass er das gebrochene Brot zu einem Symbol für das eigene Zerbrechen und Sterben am Folgetag macht. Dieses Zerbrechen (am Kreuz) deutet er als Hingabe für die Seinen.
Wichtig ist dabei die Verbindung von Brot und Wein. Denn er betont zugleich, dass er nach diesem Mahl erst wieder im Reich des Vaters von der Frucht des Weinstocks trinken wird. Neben die Gewissheit des eigenen Sterbens und seiner Deutung als Hingabe tritt damit die Zuversicht, dass er nicht untergehen, sondern vom Vater gerettet werden wird.
Damit rückt Jesus in seinem sorgfältig gestalteten Abschiedsmahl die irdische Mahlgemeinschaft und das von ihm immer wieder gepredigte himmlische Hochzeitsmahl nahe aneinander. So wie in seinem Leben Tod und Auferstehung zusammengehören, so gehören irdisches Brotbrechen und himmlische Freude zusammen. Symbol für dieses Miteinander und Ineinander sind Brot und Wein.

Apg 2,42

Sie hielten an der Lehre der Apostel fest und an der Gemeinschaft, am Brechen des Brotes und an den Gebeten.
Der kurze Hinweis auf die Lebensgemeinschaft in der Urgemeinde macht deutlich, worauf es der jungen Kirche ankommt: Sie setzt die irdische Mahlgemeinschaft Jesu fort, an der sie ebenso anknüpft wie an dessen feinsinniger Gestaltung des Abschiedsmahles oder letzten Abendmahles. Für diese Mahlgemeinschaft ist zum einen das Miteinander in der Gemeinschaft und diese als Gemeinschaft im Glauben (Lehre der Apostel) zentral. Für die frühe Kirche wird „das Brechen des Brotes" zu einer Kennzeichnung ihrer zentralen Feier. Begriffe wie Eucharistie, Abendmahl oder Messfeier werden erst viel später üblich.

Fürbitten

Guter Gott,
reich und vielfältig
hast du unser Leben ausgestattet.
Wir danken dir für die Früchte
unserer Arbeit und bitten dich:
um Arbeit für alle und um eine gerechte
Verteilung der Ernte.

Guter Gott,
wir bitten dich für alle jungen Menschen
sei ihnen in allen Unsicherheiten nahe
und schenke ihnen Menschen,
bei denen sie Halt und Orientierung finden.

Guter Gott,
wir alle sehnen uns nach einem Ort der
Geborgenheit und des Loslassens.

Stärke die Eltern in ihrem Bemühen
um echtes Dasein für ihre Kinder.
Schütze die Familien als guten Ort,
an dem das Leben sich entfalten kann.

Guter Gott,
wir bitten dich für unsere Umwelt,
dass wir Menschen mit Respekt und Achtung
vor der Natur leben und im Wissen, dass es
keine zweite Welt gibt, die uns ernährt.

Guter Gott,
wir danken dir für das viele Schöne und Gute,
das wir erleben dürfen.
Stärke alle Menschen,
die es schwer in ihrem Leben haben.

Herr,
du beschenkst uns mit reichen Gaben.
Stärke uns im Vertrauen auf dich,
stärke uns in der Liebe zu allem, was existiert,
stärke uns in der Hoffnung, dass alles gut ist,
wenn wir uns mit dir verbinden.
Amen.

Aktion zur Gabenbereitung

Nachdem sie von den Sprecher/innen vorgestellt wurden, werden verschiedene Gaben zum Altar gebracht:

1. Eine Schale mit Erde
2. Eine Schale mit Weizenkörnern
3. Eine Schale mit angekeimten Körnern
4. Eine Garbe aus Weizenähren oder ein Poster davon

5. Eine Schale mit Mehl
6. Ein Brot

Eine Schale mit Erde

1. Sprecher/in:
Wir bringen unscheinbare Erde zum Altar.
Nichts außer der Erde ist zu sehen
Aber sie ist bereit, sie hat Energie in sich verborgen.
Diese möchte sie herschenken.
Das Leben will uns beschenken.
Gott will uns beschenken.

Eine Schale mit Weizenkörnern

2. Sprecher/in
Ein kleines Weizenkorn.
Braun ist es und unscheinbar in seiner festen Hülle.
Dieses kleine, unscheinbare Korn trägt ein Geheimnis in sich.
Man sieht es ihm nicht an,
wie viel Lebensenergie in ihm steckt.
Man kann nur darauf vertrauen,
dass diese schlafende Energie einmal wirksam wird.
Auch wenn etwas in unserem Leben ganz klein ist,
so kann es sich dennoch entfalten und etwas Kostbares kann entstehen.

Die Schale mit den in Erde angekeimten Körnern

1. Sprecher/in
Wenn das Korn in die Erde fällt und der Regen es tränkt, geschieht ein Wunder. Die Kraft, die in ihm steckt, wird sichtbar. Bald schon sehen wir das Grün der Hoffnung.
Langsam setzt das Korn seine Energie frei und keimt.
Es treibt aus. Auf den Feldern sind grüne Flächen zu sehen.

Das Grün der Hoffnung lässt uns hoffen auf eine gute Ernte, die uns alle ernährt.
In unserem Alltag können wir so viele Zeichen der Hoffnung erkennen. Wenn wir hinsehen, können wir sie entdecken. Leise und unscheinbar wächst ein Schatz.

Garbe aus Weizenähren

2. Sprecher/in
Wenn der Weizen ausreichend Wasser, Sonne und einen geeigneten Nährboden hat, können sich die Körner in den Ähren gut und prall entwickeln.
Das Grün der Hoffnung verwandelt sich in ein Goldgelb.
Diese Ähren haben es geschafft, kein Unwetter hat sie zerstört.
Das Korn ist reif, bereit für die Ernte. Aus dem einen Korn sind viele geworden.
Für so vieles, was uns im Laufe eines Jahres glückt und geschenkt wird, dürfen wir dankbar sein.

Schale mit Mehl

1. Sprecher/in
Die Körner werden nach der Ernte gemahlen und so erhalten wir Mehl. Die Form der Körner ist verschwunden. In verwandelter Form bleibt uns etwas Neues und Kostbares. Vieles stellen wir daraus her. Das Gute in unserem Leben wandelt sich ständig. Es will eingesetzt werden für andere.

Ein Brot

2. Sprecher/in
Das Wertvollste, was aus Mehl hergestellt werden kann, ist Brot. Brot stärkt den Menschen. Gott stärkt den Menschen und ist mitten unter uns in dem Brot der Hostie, in der Feier der Kommunion. Die

Gemeinschaft stärkt die Seele des Menschen.
Gott ist mitten unter uns. Er meint es gut mit uns.

Meditation: Körner der Hoffnung

In den harten
und
steinigen Boden
der Angst
und
deiner Enttäuschungen
sollst du
die letzten Körner
deiner Hoffnung
säen.
Der Boden
ist brach.
Überall sind
Disteln und Dornen.

Aber deine Arbeit
und
dein Mut
machen den Boden
weich und locker.
Dann
wird der Boden
furchtbar,
die Körner
werden wachsen
und
viel
Frucht bringen.

George Banzer-Ghannam

Meditation: Ich bin das Brot …

„Ich bin das Brot des Lebens“,
sagt Jesus.
Brot, das Leben spendet,
das den Hunger stillt
nach Sinn und nach Wahrheit.
Brot, das uns nährt,

uns Trost und Ermutigung ist,
Wegzehrung für unser Leben.
Brot, das versöhnt,
das Feindschaft beendet
und Frieden stiftet.
Brot, das uns eint,
das alle Christen
zum gemeinsamen Mahl ruft.
Brot, das uns wandelt,
wenn wir einander Brot werden,
indem wir Leben und Liebe teilen.
Brot – uns gegeben
als sichtbares Zeichen seiner Gegenwart
auf unserem Weg durch die Zeit.

Brotsegen

Guter Gott,
dein Sohn Jesus hat das Brot gesegnet
und es Hungrigen zum Essen gegeben.
So wie dieses Brot, das wir täglich essen
und das uns am Leben erhält,
so gib uns Kraft und Mut,
Gutes zu tun und in der Liebe zu bleiben.
So, wie wir jetzt alle von dem gleichen Brot essen,
so gib uns allen deinen Geist.
Mache uns zu einer Gemeinschaft
wie ein Körper mit seinen verschiedenen Körperteilen.
So lass uns auch füreinander sorgen
und uns umeinander kümmern,
So, wie wir das Brot miteinander teilen, lass uns alles teilen.
Guter Gott,

du hast die Welt in unsere Hände gegeben
und alle Möglichkeiten, für uns selbst zu sorgen.
Segne dieses Brot (+) und stärke uns damit.
„Schmeckt und spürt, wie sehr Gott uns liebt."
Lasst uns jetzt das Brot teilen und gemeinsam essen.

Segen

So wie das Korn wächst in Regen und Sonne,
lass auch uns wachsen in deiner Liebe.
So wie das Korn zu Mehl gemahlen wird,
um Brot zu werden,
lass auch uns Brot werden für andere.

Segne uns mit dem verbindenden Wasser;
es fügt das Mehl zu einem Laib:
dass auch wir zu einem Ganzen werden.

Segne uns mit dem Duft des Backens;
er erfüllt uns mit Hunger nach dem Brot:
dass auch unser Hunger nach Frieden in der Welt gestillt wird.

Segne uns im Brechen des Brotes;
es teilt sich aus,
um Hunger zu stillen:
dass auch wir zu teilenden Menschen werden.

Segne uns mit dem Brot des Lebens,
dass wir Teil deiner gelingenden Schöpfung werden.

Elemente für eine Kinderkirche

Rollenspiel

1. Kind: Das Leben von Jesus bei den Menschen begann in der Krippe von Bethlehem. Bethlehem heißt übersetzt Haus des Brotes.
2. Kind: Brot ist ein Geschenk. Geschenke bekommen wir von Menschen, die uns zeigen wollen, dass sie uns mögen. Brot erinnert uns an Jesus. Er ist ein Geschenk Gottes an uns.
1. Kind: Herr, unser Gott, wir danken dir für deine Freundschaft. Dir können wir vertrauen. Mit dir können wir sprechen wie mit einem guten Freund.
Sprecher/in: Herr, unser Gott, wir danken dir für deine Liebe. Wir haben dein Versprechen: Ich bin bei euch an allen Tagen eures Lebens.
Möge dein Brot uns stärken und Kraft schenken im Alltag. Möge dein Brot uns die Augen öffnen für unseren Nächsten. Möge dein Brot unser Herz öffnen für dich, guter Gott, der du uns liebst und mit uns lebst – immer und überall.

Aktion: Aus Korn wird Brot

Im Chorraum oder vor dem Altar liegen braune Tücher auf dem Boden. Die Kinder werden in drei Gruppen eingeteilt:
Gruppe 1: steht auf den braunen Tüchern,
Gruppe 2: steht an der Seite und hat kleine blaue Tücher in der Hand,
Gruppe 3: steht hinter den braunen Tüchern.
Neben diesen liegt ein großes gelbes Tuch.

Sprecher/in: Viele Saatkörner sollen in den Acker gelangen. Von der Bäuerin oder vom Bauer werden sie ausgestreut.
Gruppe 1: *Die auf den braunen Tüchern stehenden Kinder bewegen sich.*
Sprecher/in: Aber jetzt fallen die Körner auf die Erde und schlafen im Acker.
Gruppe 1: *Die Kinder kauern sich jeweils an einem Platz zusammen.*
Sprecher/in: Der Regen kommt und gießt die Saat.

Gruppe 2: *Die Kinder mit den blauen Tüchern in der Hand gehen zwischen den „Körnern" herum und stellen durch Bewegung der Tücher den Regen dar. Nach einiger Zeit verlassen sie den „Acker" wieder.*
Sprecher/in: Dann kommt die Sonne und wärmt die Körner.
Gruppe 3: *hebt gemeinsam das große gelbe Tuch über dem „Acker" hoch, das Tuch wird nach einiger Zeit wieder abgelegt*
Sprecher/in: Und langsam, ganz langsam werden aus den vielen kleinen Körnern schöne große Ähren.
Gruppe 1: *Die Kinder auf dem „Acker" stehen nun auf und recken und strecken sich, bis sie alle wieder in voller Lebensgröße stehen*
Sprecher/in: Die Zeit der Ernte kommt.
Gruppen 1–3: *Nun stehen alle Kinder im Chorraum oder vor dem Altar verstreut auf den braunen Tüchern.*
Sprecher/in: Im Sommer sind die Ähren reif.
Gruppen 1–3: *Alle Kinder strecken ihre Hände zum Himmel*
Sprecher/in: Das Korn kann geerntet werden.
Gruppen 1–3: *Die Kinder verlassen die braunen Tücher.*
Sprecher/in sammelt alle Tücher ein.

andere/r Sprecher/in: Ein Brot entsteht.
Gruppen 1–3: *Alle Kinder stellen sich wieder im Chorraum oder vor dem Altar auf.*
Sprecher/in: Die geernteten Körner werden zu Mehl gemahlen.
Gruppen 1–3: *Die Kinder bewegen sich durch den Raum und reiben bei Begegnungen die Hände aneinander.*
Sprecher/in: Und schließlich entsteht aus dem Mehl, das einmal als Korn auf dem Feld gewachsen ist, ein wunderbar duftendes, leckeres Brot.
Gruppen 1–3: *Alle Kinder kommen zueinander und bilden einen „Brotteig". Danach gehen sie an ihre Plätze in der Kirche zurück.*
Aus jeder Gruppe bringt nun ein Kind ein Fladenbrot zum Altar.
Sprecher/in: Guter Gott, aus einem einzigen Korn wachsen viele neue Körner hervor. Öffne unsere Augen für dieses Wunder der Natur. Wir bitten dich:

Alle: *formen ihre Hände zu einer offenen Schale und beten:* Unser tägliches Brot gib uns heute.
Sprecher/in: Es braucht viele Menschen und ihre Liebe, damit Brot entstehen kann: Bäuerinnen und Bauern, Müllerinnen und Müller, Bäckerinnen und Bäcker, Verkäuferinnen und Verkäufer. Es braucht unsere Liebe, dass wir mit dem Brot gut umgehen: nur so viel abschneiden, wie ich essen kann. Brotreste nicht wegwerfen. Langsam kauen und essen, um das Brot zu riechen und zu schmecken.
Alle: Unser tägliches Brot gib uns heute.
Sprecher/in: Erst viele Körner zusammen ergeben ein Brot. Lass auch uns zu einer Gemeinschaft werden, in der Platz für alle ist. Hilf uns, den anderen mit in den Blick zu nehmen und mit ihm zu teilen. In vielen Ländern ernähren sich Menschen von Brot. Brot verbindet die Welt. Verbinde uns Menschen miteinander in unseren Gedanken und Gebeten. Wir bitten dich:
Alle: Unser tägliches Brot gib uns heute.

Sprecher/in: Jesus sagt von sich: „Ich bin das Brot des Lebens." Guter Gott, Brot ist ein wichtiges Lebensmittel, das uns Menschen stärkt und kräftigt, das uns gesund hält.
Guter Gott, öffne unsere Herzen für Jesus, so dass er für uns so lebenswichtig wird wie das tägliche Brot. Brot verbindet uns Menschen untereinander und mit dir. Sei du das lebendige Brot für uns. Sei du ein Gott, der für uns da ist.

Vaterunser

Wir wollen uns an den Händen halten, auf das Brot schauen und spüren: Brot umfasst die Welt.
Beten wir gemeinsam zu Gott, den wir unseren Vater nennen dürfen, und bitten ihn um das tägliche Brot. Beten wir das Gebet, das uns mit den Menschen in aller Welt verbindet: Vater unser im Himmel ...

Dankgebet

Wunderbar ist es,
wie Gott das Korn wachsen lässt,
so dass wir duftendes Brot backen und essen können!
Wunderbar ist es,
wie viele Menschen dafür arbeiten,
dass wir jeden Tag Brot zu essen haben:
Wir danken der Bäuerin und dem Bauer,
wir danken der Müllerin und dem Müller,
wir danken der Bäckerin und dem Bäcker.
Wir wollen Gott bitten, unser Brot nun zu segnen.

Segen

Guter Gott, Schöpfer der Welt. Wir danken dir für das Brot. In ihm sind wir verbunden mit deiner ganzen Schöpfung:
mit Erde und Wasser,
mit Sonne und Wind,
mit der Arbeit des Menschen
und mit allen, die hungern.

Segne dieses Brot,
segne die Hände, die es geschaffen haben,
segne die Hände, die es teilen,
segne die Menschen, die es miteinander essen.

So stärke unser Leben. Amen.